Inhalt

Vorwort

Über die Stadt Jena ist ja eine ganze Menge bekannt. Sich selbst Lichtstadt nennend, gehört Jena zu den Städten in Deutschland, die am stärksten prosperieren. Forschung und Wissenschaft haben dort seit Jahrhunderten einen festen Platz. Durch den Fußballverein, den glorreichen FC Carl Zeiss Jena, genießt die Siedlung an der Saale europaweit Bekanntheit. Und wegen der renommierten Friedrich-Schiller-Universität, an der Geistesgrößen wie Gottfried Wilhelm Leibniz oder Arthur Schopenhauer studierten, hat sich das internationale Ansehen verfestigt. Was könnte es in einer solchen Kommune noch zu entdecken geben? Oh, eine ganze Menge, wie die Autorinnen Eva-Maria Bast, Kirsten Schlüter und Heike Thissen beweisen. Geheimnisse der Heimat haben sie aufgespürt. Und für ihren Fleiß mag der Namensgeber der Uni gleich eine passende Belobigung haben: „Von der Stirne heiß – rinnen muss der Schweiß, soll das Werk den Meister loben."

Eva-Maria Bast hat die Zeitungs- und Buchreihe „Geheimnisse der Heimat" erfunden und weiterentwickelt. Da war es naheliegend, dass die Ostthüringer Zeitung sie mit ihren Co-Autorinnen eingeladen hat, auch die geheimnisvollen Orte von Jena zu entdecken. Um es vorweg zu nehmen: Das Werk wird die – in diesem Fall – Meisterinnen loben.

Heimat passt übrigens auch hervorragend zur OTZ. Nicht umsonst sehen unsere Leserinnen und Leser uns damit beauftragt, die Interessen Ostthüringens zu vertreten. Tag für Tag. Deshalb wirbt die OTZ auch mit dem Slogan: Meine Heimat – OTZ. Die Ostthüringer

Zeitung in Jena ist deshalb ein Stück Heimat. Aus der Idee von Frau Bast wird so eine Liebeserklärung an die Heimat Jena. Und das gehört untrennbar zum Konzept unserer Zeitung. Zumal die Herangehensweise an die Geheimnisse eine journalistische ist: Auf die Straße gehen und Geschichten suchen.

Jena hat viel zu bieten, viele große, bekannte Schönheiten und Besonderheiten. Doch all diesen Berühmtheiten ist auch eine Gefahr immanent: dass man die vielen kleinen Schätze übersieht, die Jena eben auch zu bieten hat. Schätze, die verborgen in Schächten schlummern, die kaum sichtbar an einem Mauerwerk hängen. Kleine Dinge, hinter denen große Geschichten stecken. Geheimnisse eben.

Entstanden ist ein charmantes Stück Stadtgeschichte, das den Blick auf die verborgenen Dinge lenkt. „Das schönste Kompliment ist für mich, wenn mir echte Urgesteine sagen: ‚Das habe ich auch noch nicht gewusst'", freut sich Eva-Maria Bast. Dabei ist ihr ganz wichtig, dass die Autorinnen sich nicht in den Mittelpunkt stellen, denn: „Im Prinzip ist es ein Buch von Jenensern für Jenenser. Wir Autorinnen sammeln die Geschichten nur und schreiben sie auf." Im Buch kommen Menschen zu Wort, die sich intensiv mit der Stadtgeschichte befasst haben und den Journalistinnen Relikte gezeigt und ihre Geschichten erzählt haben. Und genau für dieses Konzept ist Eva-Maria Bast für die ersten Bände der „Geheimnisse" mit dem Deutschen Lokaljournalistenpreis der Konrad-Adenauer-Stiftung in der Kategorie Geschichte auszeichnet worden.

Wenn Sie nun an den Schiller-Spruch „Man sollt' den Tag nicht vor dem Abend loben" denken, empfehle ich einfach lesend selbst zu überprüfen, wie viel Heimat in den Geheimnissen von Jena steckt.

Mit herzlichem Gruß Ihr

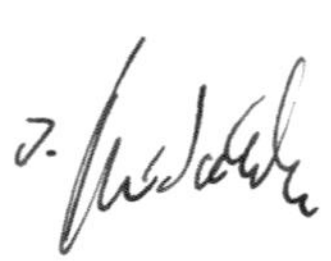

Jörg Riebartsch
Chefredakteur Ostthüringer Zeitung

Die Autorinnen

Eva-Maria Bast, Jahrgang 1978, ist Leiterin des Verlags „Bast Medien". Sie initiierte und schreibt die Buchreihe „Geheimnisse der Heimat", die 2011 startete, rasch zu einem regionalen Bestseller wurde und die 2016 in 31 Bänden vorliegt. 2012 wurde die Tageszeitung Südkurier für die Geheimnis-Reihe mit dem Deutschen Lokaljournalistenpreis der Konrad-Adenauer-Stiftung in der Kategorie „Geschichte" ausgezeichnet. Seit 2015 ist Eva-Maria Bast Gastdozentin an der Hochschule der Medien Stuttgart. Sie lebt in Überlingen.

Kirsten Schlüter, Jahrgang 1981, entschied sich während ihres Studiums in Bamberg für den Beruf der Redakteurin. Sie besuchte nicht nur Vorlesungen in Germanistik, Französisch und Kommunikationswissenschaft, sondern sie war auch Herausgeberin der Studentenzeitung. Nach einem Jahr in Bordeaux absolvierte sie ihr Volontariat beim Südkurier und war anschließend sieben Jahre Redakteurin für den Konstanzer Lokalteil. Seit September 2015 arbeitet Kirsten Schlüter als freie Journalistin. In Jena ging sie das erste Mal auf Geheimnissuche.

Heike Thissen, Jahrgang 1980, ist seit ihrem Abitur 1999 im Journalismus zuhause. Sie studierte an der Universität Leipzig und der Universidad de Valencia Diplom-Journalistik und Amerikanistik und volontierte bei der Tageszeitung Südkurier in Konstanz. Nach mehreren Jahren als Redakteurin beim Südkurier arbeitet sie seit 2010 als freie Journalistin für Zeitungen und Zeitschriften und als PR-Redakteurin für verschiedene Unternehmen. Seit 2011 geht sie regelmäßig zusammen mit Eva-Maria Bast auf Geheimnissuche in ganz Deutschland.

ier isst Jen
16

Loch

Sehr zum Wohle in Jenas Wohnzimmern!

Ein Loch für ein Ofenrohr? Wie passantenunfreundlich! Schließlich sitzt es so tief, direkt neben der Tür, dass es vorbeieilenden Fußgängern bei ungünstigem Wind den Rauch direkt ins Gesicht blasen würde! „Nein", lacht Günter Herzog, „das ist kein Loch für ein Ofenrohr." Und die Menschen sollten durch dieses Loch – oder das, was sich in ihm befand – auch nicht vertrieben, sondern im Gegenteil in das Gebäude hineingelockt werden. „Es diente dazu, anzuzeigen, wann in diesem Haus Wein oder Bier ausgeschenkt wurde", erklärt der geschichtsinteressierte Jenaer.

Schon seit etwa 1180 sei in Jena Wein angebaut worden, „die Anbaufläche der Jenaer Bürger war im 15/16. Jahrhundert circa 700 bis 750 Hektar groß, was dem heutigen Anbaugebiet der Region Saale-Unstrut entspricht", verdeutlicht Günter Herzog die Dimension der Fläche und die Bedeutung des Weinbaus und fährt fort: „Bierbrauen und Weinbau wurde für Jena 1332 durch ein landgräfliches Privileg erneuert und gefestigt. Beides war in fast jedem Haushalt üblich." Wie wichtig die Weinkultur in Jena war, geht auch aus einem Bericht der Zeitung „Altes und Neues aus der Heimat" aus dem Jahr 1911 hervor, in dem steht, dass die Weinkultur „Jahrhunderte lang eine Hauptquelle des Nahrungsstandes unserer Stadt" gewesen sei. Und die Jenaer nahmen diese Möglichkeit der „Nahrungsaufnahme" wohl ausgesprochen gerne an. Der Autor schreibt zumindest von einer „wehrhaften und trinkfesten Bürgergesellschaft".

Günter Herzog sagt: „Die meisten Jenaer hatten im Nebenerwerb eine Kelterei oder Brauerei." So auch die Besitzer des Hauses, neben dessen Eingangstür sich heute noch eine Öffnung befindet, die aussieht wie ein Ofenrohrloch. „Den Ausschank hat man angezeigt, indem man etwas in dieses Loch hineinsteckte", erklärt der Heimatkenner. Je nachdem, was ausgeschenkt wurde, habe sich etwas anderes in dem

Günter Herzog weiß, was einst in das Loch über seinem Kopf gesteckt wurde.

Loch befunden. Günter Herzog zählt auf: „Bei Mostausschank legte man in Jena einen Krautstrauß, bei Weinausschank ein Tannen- oder Fichtenreisig und bei Bierausschank ein Bündel Stroh in die Öffnung." Damit wussten die Passanten: Hier gibt es flüssige Gaumenfreuden.

„Im Grunde ist es das gleiche Prinzip wie heute bei den Besen- oder Straußwirtschaften", fasst der Stadtführer zusammen. Diese waren aus einem Privileg entstanden, das Karl der Große (747 oder 748-814) im Jahre 812 erlassen haben soll und in dem er Winzern erlaubte, so genannte „Kranzwirtschaften" zu betreiben. Mit einem Kranz aus Reben oder Efeu wurde der Ausschank angezeigt, und auch die Bierbrauer hatten diese Rechte: Bis 1799 war zum Beispiel in München ab dem Georgstag (23. April) nur jeweils zwei Brauern pro Tag der Ausschank erlaubt. An jedem Tag wurde gewechselt. Damit sollte verhindert werden, dass das Bier zu lange lagerte und schlecht wurde. Auch hier markierte ein grüner Kranz, wer an der Reihe war.

„Es gab aber noch eine zweite Möglichkeit, den Ausschank in Jena bekannt zu machen", sagt Günter Herzog: „Man ließ das Ereignis von dem so genannten Wein- und Bierrufer verkünden." Dieser sei jedoch vor allem von den Studenten oft genug verspottet worden und habe sich auch gerne mal mit ihnen gestritten. „Johann Nikolaus Bach, ein Cousin von Johann Sebastian, hat diesem Wein- und Bierrufer 1696 in Form eines Singspiels ein Denkmal gesetzt, wobei er viele deftige Ausdrücke einarbeitete", erzählt Herzog. „Bach war Kantor und Universitätsmusikdirektor, Organist und außerdem Weinbergbesitzer." Seit einiger Zeit wird dieses Singspiel wieder in der Universität aufgeführt. Sie sind eben traditionsbewusst, die Jenaer. Und das eine oder andere Gläschen trinken sie noch heute ausgesprochen gern.

Eva-Maria Bast

So geht's zum Loch:

Es befindet sich am „Haus im Sack" in der Oberlauengasse 16, direkt links neben dem Eingang.

Der Leiter des Botanischen Gartens, Stefan Arndt, steht vor dem nach Goethe benannten Ginkgo.

02

Goethe-Ginkgo

Beide Geschlechter in einem Baum vereint

Jedes Jahr im Herbst lässt sich am so genannten Goethe-Ginkgo ein kurioses Schauspiel beobachten. Während die übrigen Äste des knapp 18 Meter hohen Baumes ihre Blätter abwerfen, ist ein einziger Ast über und über mit mirabellenartigen, gelben Samen behängt. Könnte Johann Wolfgang von Goethe (1749-1832) heute an einem sonnigen Oktober- oder November-Nachmittag den Fürstengraben entlangspazieren und einen Blick auf das nach ihm benannte Prachtexemplar werfen, er hätte mit Sicherheit seine helle Freude daran! Denn der Dichterfürst sah im zweilappigen Blatt des Ginkgos die männlichen und weiblichen Kräfte der Natur miteinander verschmelzen, die Zweiheit zu einer Einheit werden. Und genau das ist es, was der Baum am Zaun des Botanischen Gartens ist: beide Geschlechter in einem einzigen Baum vereint. Ein männliches Ginkgo-Exemplar, aus dem ein weiblicher Ast herauswächst. Zwei in einem, eins aus zwei.

Der Zwitterbaum am Fürstengraben ist keine Laune der Natur, sondern 1969 durch das Eingreifen des Menschen, das so genannte „Pfropfen", entstanden. So wird das Vorgehen bezeichnet, wenn einem Baum der Ast eines anderen Baumes „aufgepflanzt" wird und dort weiterwächst. „Pfropfungen sind im Gartenbau häufig", erklärt Stefan Arndt, wissenschaftlicher Leiter des Botanischen Gartens in Jena. Die Maßnahme dient in der Regel der Veredelung oder dem Erhalt von Obstbäumen und ist meist nicht weiter der Rede wert. Im Falle des Goethe-Ginkgos in Jena allerdings liegt die Sache anders, erklärt der Botaniker. „Über den Sinn des weiblichen Astes auf dem männlichen Baum lässt sich nur spekulieren. Sicher wird ein gewisses Interesse bestanden haben, vom legendären Goethe-Ginkgo Samen ernten zu können." Dafür müssten beim Ginkgo biloba beide Geschlechter vorhanden sein: Bei dem so genannten „zweihäusigen" Baum gibt es männliche und weibliche Exemplare, die in den ersten 30 Jahren ihres Lebens nur schwer voneinander zu unterscheiden sind und erst danach Blüten bilden und sich fortpflanzen können. „Das hat der Ginkgo mit etlichen anderen Bäumen gemeinsam, die ebenfalls bei uns wachsen. Die gewöhnliche Eibe, der Wacholder, der Sanddorn oder alle Weiden-Arten gehören auch dazu", führt Stefan Arndt aus.

Im Sommer ist an dem stattlichen Baum keine Besonderheit zu erkennen...

Goethe selbst hat mit der Vereinigung von beiden Geschlechtern in dem nach ihm benannten Baum natürlich nichts zu tun. Das gilt nicht nur für die Pfropfung, sondern genau genommen für den ganzen Baum. Denn selbst, wenn sich die Legende hartnäckig hält, so hat er ihn weder gepflanzt noch jemanden anderen damit beauftragt, diese Arbeit für ihn zu übernehmen. Vom Pflanzen eines damals in Europa so exotischen Baumes berichtet der Dichter, der selbst belanglose Informationen akribisch in seinen Tagebüchern festhielt, nämlich nichts. Sehr wohl lässt sich jedoch sagen, dass Baum und Dichter Zeitgenossen waren. Zwischen 1790 und 1794 dürfte der damals sehr exotische Ginkgo aus Asien seine ersten Wurzeln in den Boden der Stadt Jena getrieben haben und ist damit heute einer der ältesten seiner Art in Deutschland.

1794 entstand aus dem Hortus Medicus, einem Garten mit Heilkräutern und seltenen Pflanzen, und dem herzoglichen Lustgarten auf Goethes Initiative der Botanische Garten. In den insgesamt fünf Jahren, die er zwischen seinem ersten Aufenthalt 1775 und seinem letzten Besuch im Jahr 1831 in Jena verbrachte, war der weimarische Staatsminister oft dort anzutreffen. Die Faszination des Ginkgos im Allgemeinen und seiner Blätter im Besonderen ergriff den Dichter und Naturforscher wohl erst mehr als 20 Jahre, nachdem der Baum in Jena gepflanzt worden war. Es war während eines Besuches in Frankfurt 1815, als der damals 66-Jährige sein berühmtes Gedicht „Ginkgo biloba" aufschrieb und damit seiner Liebe zu seiner wesentlich jüngeren Freundin Marianne von Willemer (1784-1860) ein Denkmal setzte. In den drei Strophen stellt er die Frage, ob das Ginkgoblatt – und damit er und Marianne – ein Wesen sei, das sich in zwei trennt, oder ob es zwei seien, die sich zu einem vereinen. „Fühlst du nicht an meinen Liedern, dass ich eins und doppelt bin?", fragt er in der letzten Zeile und machte damit den Ginkgobaum und dessen symbolische Kraft berühmt.

... doch im Herbst ist deutlich zu sehen, dass nur ein einziger Ast des Baumes Samen trägt.

Das bekommt der Goethe-Ginkgo in Jena bis heute zu spüren: Seine Blätter gelten als Glücksbringer und werden von Einheimischen und Besuchern gleichermaßen gesammelt.

Heike Thissen

So geht's zum Goethe-Ginkgo:

Er steht auf dem Gelände des Botanischen Gartens in Jena (Fürstengraben 26) neben dem Inspektorhaus.

03

Rote Verfärbungen

Spuren vom Feuer der Zerstörung

Es muss ziemlich heiß gewesen sein. Und das sieht man noch heute: An der aus Muschelkalkstein erbauten Stadtkirche kann man, wenn man genau hinsieht, am Turmsockel rote Verfärbungen erkennen. Stadtführer Christian Hill hat sie entdeckt und bei einer befreundeten Geologin, Dr. Ivonne Kamradt, nachgefragt, was es damit auf sich haben könnte. „Sie hat über die thüringischen Travertine promoviert, ich war mir ziemlich sicher, dass ich bei ihr eine Antwort finden würde", erklärt er. Und er hatte recht: „Sie meinte, dass diese Art Kalkstein bei direktem Kontakt mit Feuer eine rote Farbe annimmt, da die in ihm gebundenen Eisenminerale bei hohen Temperaturen oxidieren und sich als Eisen-III-Oxid, auch Blutstein genannt, niederschlagen."

Sonnenstrahlen reichen wohl kaum aus, um einen Stein zu verfärben. „Es gibt zwei Vermutungen, wann und wie diese Hitze entstanden sein könnte", sagt Hill. Vermutung 1: Beim Brand von 1945. Vermutung 2: Durch das Feuer der Franzosen im Jahre 1806.

„Jena war nach dem Zweiten Weltkrieg die am zweitstärksten zerstörte Stadt Thüringens, nach Nordhausen", berichtet Hill zur ersten Variante. „Die Alliierten haben gewissermaßen das ‚Auge der Wehrmacht' angeflogen, weil Zeiss hier die Militäroptik produziert hat. Und da ist leider auch ein Großteil der Bomben auf die Innenstadt gefallen." Die Stadtkirche St. Michael wurde bei zwei Luftangriffen in nur wenigen Wochen stark zerstört: am 9. Februar und am 19. März 1945. „Die Kirche stürzte teilweise in sich zusammen, Teile der Kirchturmhaube fielen in das Schiff hinein", sagt Hill. Das war besonders tragisch für den Stoffhändler, der sein Geschäft gegenüber betrieb: „Er hatte sich noch gedacht, dass seine Ware in der Kirche bestimmt sicher wäre, und hat alle Stoffballen in der Kirche deponiert", erzählt der Stadtführer. Doch der Händler hatte sich verkalkuliert: Sein Haus wurde nicht getroffen, die Kirche aber schon – alle seine Stoffe

Christian Hill weiß: Die leichte Rotverfärbung dieser Steine hat ihren Ursprung wohl in einem Feuer, das vor der Stadtkirche brannte.

verbrannten in dem Gotteshaus. Wobei das für den Stoffhändler vermutlich immer noch besser war, als wenn sein Haus getroffen worden wäre. Nach den schweren Angriffen der Amerikaner, bei denen über 1000 Tonnen Bomben auf die Stadt niederhagelten, war vom jahrhundertealten Jenaer Stadtbild nicht mehr viel zu sehen. Die Zeiss-Werke waren zu einem Viertel zerstört, die Universität zu 40 Prozent, 4000 Wohnungen waren kaputt. Und die Stadtkirche hatte rote Verfärbungen bekommen – wenn sie die nicht bereits 139 Jahre zuvor erhalten hatte – als sich Franzosen und Preußen 1806 bei Jena eine blutige Schlacht lieferten:

„Die Alliierten haben das ‚Auge der Wehrmacht' angeflogen, weil Zeiss hier die Militäroptik produziert hat. Und da ist leider auch ein Großteil der Bomben auf die Innenstadt geflogen."

Preußen hatte sich ab 1795 nicht weiter an der Koalition gegen Napoleon beteiligt, sondern Frankreich in einem geheimen Zusatzartikel des Friedens von Basel das linke Rheinufer garantiert und sich seitdem – ebenso wie das mit England in Personalunion verbundene Königreich Hannover – neutral verhalten. Weder auf russische noch auf französische Bündnisanträge ließ sich Preußen ein. Doch im Zuge des neuen Kriegs zwischen England und Frankreich, des Zweiten Koalitionskriegs, besetzten französische Truppen das Königreich Hannover und verletzten damit die norddeutsche Neutralität. Deren Aufrechterhaltung war für Preußen ab diesem Zeitpunkt nicht mehr zu verantworten. Als sich 1805 die dritte Koalition bildete (England, Russland, Schweden und andere), verweigerte sich Preußen. Stattdessen versuchte Friedrich Wilhelm III. (1770-1840) den Frieden für Preußen weiter zu erhalten: Er stand mit beiden Seiten in Verhandlungen. Im Vertrag von Schönbrunn vom 12. Dezember 1805 forderte Frankreich Gebiete von Preußen, gestand jedoch andererseits Gebietserweiterungen zu. Es bot vor allem das französisch besetzte Königreich Hannover an.

Preußen stimmte zu, ging dadurch ein Bündnis mit Frankreich ein und machte sich von ihm abhängig. Preußische Truppen besetzten Hannover, was von England am 11. Juni 1806 mit der Kriegserklärung beantwortet wurde. Nur einen Monat später, am 12. Juli 1806, unterschrieben 16 deutsche Staaten in Paris die Rheinbundakte und sagten sich damit vom Heiligen Römischen Reich Deutscher Nation los. Dieses Bündnis richtete sich gegen die deutschen Großmächte Österreich und Preußen. Kaiser Franz II. (1768-1835) legte daraufhin am 6. August die deutsche Kaiserkrone nieder.

Napoleon machte Preußen wiederholt den Vorschlag, einen Norddeutschen Bund unter einem Kaisertum Preußens zu gründen – in Abhängigkeit von Frankreich. Aber Preußen stellte am 6. August ein Ultimatum an Frankreich, die französischen Truppen von den preußischen Grenzen zurückzuziehen. Denn es wurde bekannt, Napoleon stehe mit England in Verhandlungen über die Rückgabe Hannovers an das Vereinigte Königreich Großbritannien! Am 9. August ordnete der preußische König die Mobilmachung der Armee an, obwohl Preußen nur Truppen Sachsens und Weimars als Verbündete hatte. Das Urteil eines Historikers: „Der Krieg gegen Frankreich war weder politisch noch militärisch hinreichend vorbereitet worden“ (G. Heinrich). Er endet mit einem „Zu-sammenbruch“.

Man muss genau hinsehen, um die Verfärbungen zu erkennen.

Und dann kam der 14. Oktober und die Schlacht bei Jena. „Napoleon ließ seine Soldaten die schweren Kanonen die steilen Jenaer Hänge hinaufziehen“, erzählt Christian Hill, „damit hatten die Gegner nicht gerechnet.“ Gegen 6 Uhr morgens griffen die Franzosen vom Landgrafenberg aus in dichtem Nebel die Preußen an. Rund 53.000 Preußen kämpften gegen 95.900 Franzosen. Für die Preußen kam die Schlacht überraschend, sie wurden von den Franzosen vernichtend geschlagen. Anschließend sah sich die Bevölkerung mit plündernden Soldaten konfrontiert, in Jena, aber auch in Weimar, wo auch Goethes Wohnhaus von den Franzosen bedroht wurde. Goethes Lebensgefährtin Christiane Vulpius gelang es, den Trupp der französischen Soldaten zu vertreiben, die bereits ins Untergeschoss des Hauses am Frauenplan vorgedrungen waren. Goethe beschloss daraufhin, seine Christiane endlich zu heiraten. Der Bund der Ehe wurde fünf Tage später, am 19. Oktober 1806, geschlossen, Goethe ließ aber in die Ringe das Datum gravieren, in der in Jena die Schlacht stattgefunden hatte: 14. Oktober 1806.

Die Franzosen wandelten die Jenaer Stadtkirche in ein Lazarett um. „Drinnen brauchte man Platz, außerdem war es Ende Oktober und kalt", sagt Christian Hill, „die Franzosen haben die Kirchenbänke herausgerissen und vor der Kirche verbrannt. Vermutlich auch dort, wo sich heute die roten Verfärbungen befinden."

Welches der beiden Ereignisse die Spuren an der Stadtkirche auch hinterlassen haben mag, der Zweite Weltkrieg oder die Schlacht vom Oktober 1806 – an ihnen lässt sich jedenfalls bestens aufzeigen, welch wechselvolle Jahrhunderte hinter Jena liegen. Jahrhunderte, die ihre Spuren hinterlassen haben. Große, wie die starke Veränderung des Stadtbilds. Und kleine, wie die roten Spuren an der Stadtkirche.

Eva-Maria Bast

So geht's zu den roten Verfärbungen:

Sie befinden sich am südwestlichen Turmsockel der Stadtkirche St. Michael am Kirchplatz.

Hinter diesem Fenster arbeitete Lisa Heise als Sekretärin der Hals-, Nasen- und Ohrenklinik.

04

Bürofenster

Briefe an einen berühmten Dichter

Das Leben war nicht einfach für eine Frau, die schon während ihrer Kindheit mit dem Tod konfrontiert wurde, die sich ungeliebt fühlte, mehrfach umziehen musste, sich in den falschen Mann verliebte und nach der Geburt des gemeinsamen Sohnes verlassen wurde. Dies ist das Schicksal von Lisa Heise, die lange Zeit ihres Lebens schwer schuften musste, um sich und ihr Kind finanziell über Wasser zu halten. Sie suchte Trost im Schreiben und fand ihn durch einen Briefwechsel mit einem bedeutenden Dichter: Rainer Maria Rilke (1875-1926). Geld verdiente sie einige Jahre lang als Kliniksekretärin – wenn auch viel zu wenig.

Dr. Ulf Häder von den Städtischen Museen Jena weist auf einen besonderen Ort hin: Das Fenster, hinter dem Lisa Heise Blut und Wasser schwitzte, liegt direkt neben dem Eingang zur Hals-, Nasen- und Ohrenklinik von Jena. Warum sie dort so gestresst war, ist eine lange Geschichte.

Lisa Heise (1893-1969) hatte ein bewegtes Leben. Sie wurde in Hersfeld geboren, zog aber mit ihrer Familie schon bald nach Eschwege um, wo ihr Vater das Krankenhaus leitete. Die Wohnung lag über einem Totenkeller, und das war wohl auch ein Grund, warum das Mädchen lange keine Freundin fand. Weiter ging es nach Kassel, wo Lisa zur Klavierlehrerin ausgebildet wurde, wenig später den angehenden Künstler Wilhelm Heise (1892-1965) kennen lernte und sich in ihn verliebte. Lisa heiratete Wilhelm Heise und brachte den gemeinsamen Sohn Michael zur Welt. Doch der Vater des Kindes ließ sich 1919 scheiden, verkaufte das Haus und fand eine neue Partnerin. Lisa Heise blieb ohne Geld und Wohnung allein zurück.

Museumsleiter Dr. Ulf Häder zeigt vor dem historischen Sprechfenster ein Porträtbild der alleinerziehenden Mutter.

In dieser prekären Lage stieß die junge Frau auf Werke von Rainer Maria Rilke, die sie in ihrer Lebenskrise aufbauten. „Lisa Heise wollte ihm danken und schrieb dem Lyriker. Zu ihrer Überraschung antwortete Rilke, es entstand ein Briefwechsel, der bis 1924 andauerte", erzählt Ulf Häder. Lisa Heise schilderte dem Dichter auf hohem literarischen Niveau ihr einfaches Leben und die tagtäglichen Anstrengungen. Am Ende ihres zweiten Briefs an Rilke formulierte die junge Frau: „Alles ist ein recht mühsamer Kampf um Tapferkeit, in dem es nicht gilt, zu siegen, nur zu bestehen." Rilke antwortete einfühlsam, schrieb über Alltägliches, über die Grundfragen des Daseins, über Gott, die Liebe und die Kunst. Und er fand tröstende Worte für die alleinerziehende Mutter.

Erst 1930, vier Jahre nach Rilkes Tod, wurden aus seinem Nachlass die zehn „Briefe an eine junge Frau" in einem schmalen Band veröffentlicht. Zunächst blieb unklar, wer diese junge Briefpartnerin war.

Doch 1934 wurde Lisa Heise von Freunden gedrängt, ihre eigenen „Briefe an Rainer Maria Rilke" herauszugeben. „Eine der ergiebigsten und beglückendsten menschlichen Beziehungen" nannte sie diesen Briefwechsel.

Doch Briefe zu schreiben reichte nicht zum Überleben. Lisa Heise zog in den 1920er-Jahren nach Tiefurt bei Weimar und betrieb mit einer Freundin eine Gärtnerei. Nebenbei gab sie weiterhin Klavierunterricht, doch wieder wurde das Geld knapp. Daraufhin trat Lisa Heise in Jena eine Stelle als Sekretärin in der Universitätspoliklinik für Naturheilverfahren an. Als die Nationalsozialisten diese Klinik des jüdischen Professors Emil Klein schlossen, wechselte sie an die Hals-, Nasen- und Ohren-Uniklinik, die sich noch heute in demselben Gebäude befindet wie damals. Hier arbeitete sie bis zu ihrer Kündigung im Jahr 1938. „Die Zeit in Jena muss über weite Strecken furchtbar gewesen sein", sagt Ulf Häder und deutet auf ein Buch mit Lisa Heises Erinnerungen. Das dritte Kapitel, das sich mit den Jahren 1937/38 befasst, nannte sie wohl in Anlehnung an ihre Tätigkeit als Klavierlehrerin „Scherzo in Moll". Dort beschreibt die Sekretärin die Einweisung in ihre neue Arbeit in der HNO-Klinik durch „Krankenschwester Ruth" am 1. September 1937: „Sie müssen – Sie müssen – Sie müssen – Geziert näselte die Stimme dieses hübschen, aber unsympathischen Fratzes weiter, eine Viertelstunde und länger, ununterbrochen. Begreifen tat ich nichts. Ich hörte nur in jedem Satz das fatale ‚müssen', und eigentlich sprach sie nur: ‚Sieh mal, was ich alles weiß und kann!' Entweder begreife ich das alles in der Praxis, nach und nach, oder überhaupt nicht. Zuhause habe ich dann geheult."

Im obersten Stockwerk dieses Hauses in der Melanchthonstraße lebte Lisa Heise ab 1929. Vorher bewohnte sie ein Haus in der Ziegenhainer Straße.

Lisa Heise begriff. Doch einfach war die Arbeit nicht, wie der Tagebucheintrag vom 4. September 1937 beweist. Hier beschreibt sie die Arbeit in ihrem kleinen Büro neben dem Klinikeingang in der Lessingstraße: „Die ersten Tage waren Zerreißproben. Ich fertigte jeden Morgen fünfzig bis achtzig Kranke ab, frage und schreibe ihre Personalien, brülle in taube Ohren und in Hörrohre, Kehlkopflose lallen, krächzen heiser, piepen durch Kanülen, Kinder schreien ‚Mutter' und Erwachsene ‚Kuckuck'. Mein Kabüschen ist nur ein Anhängsel zum Behandlungsraum. Den Telefonhörer zwischen Ohr und Schulter geklemmt, gebe ich gleichzeitig mit der Rechten meine Unterschrift auf ein Papier und mit der Linken stempele ich Ausweise, Nachweise, Vorweise, Hinweise. (…) Mehr als sechzig Anrufe in der Stunde gehören wohl zu den Seltenheiten und mehr als vier Menschen reden nie zugleich auf mich ein. Dazwischen diktiert der Oberarzt mit 350 km Stundengeschwindigkeit Operationsberichte, Arztbriefe, Krankengeschichtsauszüge. Mir bricht jedes Mal der Schweiß aus." Am 15. November 1937 brach Lisa Heise im Dienst zusammen.

Leben konnte sie vom Schreiben nie. Am Schluss ihres Jenaer Tagebuchs schreibt sie (25. August 1938): „Nun ist ein Jahr vergangen, seit ich dieses Buch begann und seine Blätter gehen zu Ende. Es war voll und rund und hart wie eine Nuss – eins unter vielen seinesgleichen. Auch das kommende wird wieder gemeistert werden, denn schließlich sind wir dazu da, drauf los zu existieren, über alle Untergänge hinweg, sei es der Welt oder nur des Abendlandes." Lisa Heise zog nach dem Tod ihrer Mutter nach Meiningen und 1959 zu ihrem Sohn Michael, zunächst nach Schweinfurt, dann nach Ravensburg. Dort nahm sie sich am 17. April 1969 das Leben. Der Nachwelt hinterließ sie viele schöne Sätze. „Unter den literarischen Zeugnissen, die sich mit Weimar und mit Jena in den 1920er- und 1930er-Jahren befassen, sind Lisa Heises poetisch durchtränkte Erinnerungen ein ganz besonderes Leseerlebnis", urteilte die Thüringische Landeszeitung.

Kirsten Schlüter

So geht's zum Bürofenster:

Es befindet sich links neben dem Eingang der Hals-, Nasen- und Ohrenklinik in der Lessingstraße 2.

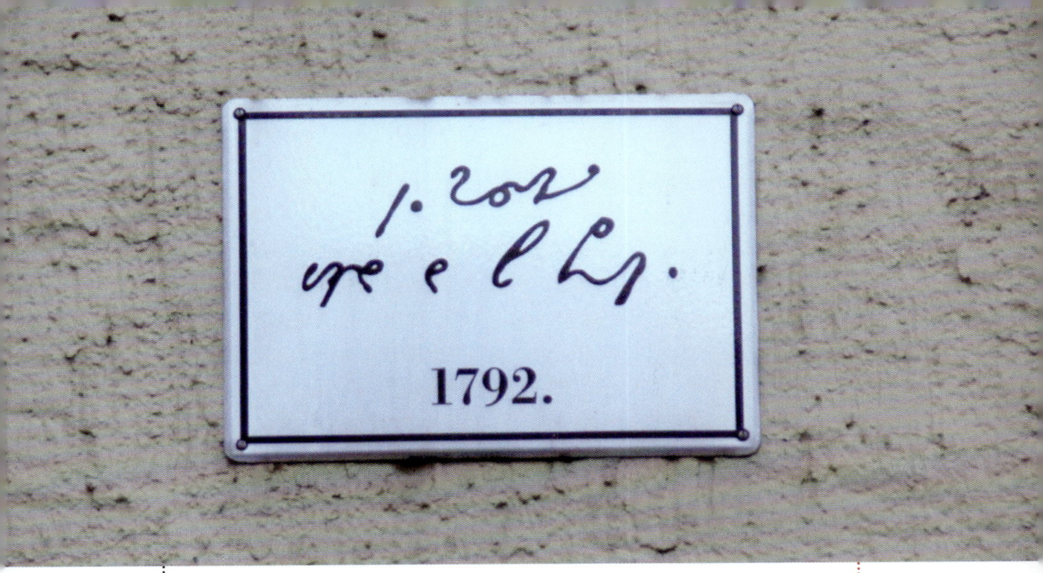

Arabisch? Russisch? Türkisch? Nein! Deutsch!

05

Steno-Schild

Simple Erklärung für kryptische Zeichen

Die Schrift, mit der dort, hoch oben an der Hauswand, etwas auf einer kleinen, weißen Tafel geschrieben steht, ist dem westeuropäischen Auge fremd. Arabisch? Russisch? Türkisch? Weder noch! Das ist Deutsch, oder besser: Teutsch. Und zwar in Kurzform. „Bei der Inschrift handelt es sich um Stenografie", klärt Günter Herzog auf, der in Jena so ziemlich jeden Winkel kennt und zu fast allem eine Erklärung parat hat.

Damen und Herren, die etwas älteren Jahrgangs sind und eine entsprechende Schule besucht haben, werden das sogar erkannt haben, schließlich wurde Steno bis in die 1990er-Jahre an Real- und Berufsschulen gelehrt, und auch an Gymnasien war Stenografie längere Zeit Wahlfach, so dass zahlreiche Akademiker wissenschaftliche Schriften in Steno verfasst haben.

Die Entwicklung der Technik (Diktiergeräte und Computer) vertrieb die Stenografie dann aber nach und nach aus den Lehrplänen, und eine Stellenausschreibung, in der eine Stenotypistin gesucht wird, findet man nur noch selten. Wenn Vorgesetzte ihre Briefe heute diktieren, steht die Sekretärin nicht mehr mit Klemmbrett und gespitztem Bleistift daneben, um per Steno zu notieren, was ihr Arbeitgeber niedergeschrieben haben möchte, sondern sie sitzt in aller Regel an ihrem Rechner und lässt die Finger über die Tastatur galoppieren – oder ihr Chef spricht gleich auf das Diktiergerät.

Aber wenn man sich nicht einmal mehr in Büros der Stenografie bedient, was macht sie dann an einem Haus für einen Sinn? Auf der Suche nach Antworten stellt sich heraus, dass selbst ältere Menschen, die noch Steno gelernt haben und die Kurzschrift als solche erkennen, die Inschrift nicht entziffern können. Allerdings gibt es in Jena – wie auch in vielen anderen Städten – einen Stenografenverein. Ihm gehört Marion Stropahl an. Sie ist gekürte Kurzschriftmeisterin und weiß das Geheimnis zu lüften: „Bei der an der Hauswand angebrachten Inschrift handelt es sich um eine Gedenktafel, auf der zu lesen ist: *F. Mosengeil, Erfinder der deutschen Stenografie, 1792.* Die geschwungenen Kürzel erinnern somit an Carl Friedrich August Mosengeil“, berichtet Stropahl weiter, „er wohnte als Student der Theologie gegen Ende des 18. Jahrhunderts in diesem Haus.“ Und Marion Stropahl weiß noch mehr: „Eine ebensolche Tafel war schon früher an dieser Hauswand angebracht worden. Sie ging aber verloren.“ Die jetzige ließ Karl-Heinz Jaritz, ein ehemaliger Lehrer für Stenografie und Maschineschreiben aus Mihla bei Eisenach, zum Gedenken an Friedrich Mosengeil anfertigen und aufhängen. Der Kurzschrifthistoriker Jaritz erforschte intensiv dessen Leben und Wirken.

„Es gab noch andere Leute, die ähnliche Systeme erfunden und vorangebracht haben, aber in dem Fall haben wir jemanden in Jena gehabt, der sich hier aufhielt und mit der Stenografie zu tun hatte.“

Der 1773 geborene Pfarrerssohn Friedrich Mosengeil kam 1791 zum Theologiestudium nach Jena, das er 1792 begonnen haben soll. Diese Jahreszahl ist jedoch nicht bestätigt, vieles spricht dafür, dass er sein Studium bereits ein Jahr früher aufnahm. Um bei den Vorlesungen schneller mitschreiben zu können, entwickelte er eine Schrift mit Kurzzeichen. Später lehrte Mosengeil als Weggefährte des berühmten Forstmanns Heinrich Cotta (1763-1844) an der Forstschule in Zillbach. Hier brachte der ehemalige Theologiestudent seine Kurzschriftzeichen für die allgemeine Nutzung zu Papier und veröffentlichte 1796 in Eisenach sein erstes Kurzschrift-Lehrbuch mit dem Titel „Teutsche Stenographie". In der Einleitung schreibt Mosengeil, dass er versuche, „eine Kunst, die in England und Frankreich längst gekannt und geübt war, in mein Vaterland einzuführen".

Moment – die Stenografie gibt es in Deutschland doch schon seit 1678? Zu diesem Zeitpunkt brachte der schottische Wandergelehrte und Übersetzer Charles Aloysius Ramsay (gest. nach 1681) das erste Stenografielehrbuch unter dem Titel „Tacheographia" in deutscher Sprache heraus. Ab 1787 lehrte man dieses System an der Hohen Karlsschule in Württemberg.

Richtig, aber Mosengeil entwickelte eine neue Form, und er wähnte die Stenografie wohl auch als nicht wirklich in Deutschland angekommen: „Nach Verlauf einiger Jahrzehnte" habe er „die Vermuthung, daß die gegenwärtige Zeit der Einführung einer teutschen Stenographie günstiger seyn möchte, als die damalige es war". Als zweiten Grund für seine Motivation gibt er an: „die neuentstandene Lithographie, die den Druck stenographischer Lehrblätter ungemein erleichtert". Und als dritten Grund „meine eignen Erfahrungen von dem mannigfaltigen Nutzen jener Geschwindigkeit- oder Kurzschrift".

Doch die Wurzeln der Stenografie – wenn auch nicht der deutschen – reichen noch viel weiter zurück: „Die Stenografie begann mit den Tironischen Noten bei den Römern", erklärt Marion Stropahl weiter. „Das ist nachgewiesen durch Aufzeichnungen im römischen Senat. Diese Schrift ging aber zwischen dem 9. und 11. Jahrhundert unter und wurde dann im Mittelalter kurzzeitig wiederentdeckt. Aber auch in dieser Epoche hielt sie sich nicht lange."

Die Neuzeit der Stenografie begann in England, bevor sie Friedrich Mosengeil etwa 200 Jahre später in Deutschland publik machte. Das System des pfiffigen Studenten war allerdings durch die vielen Konsonantenhäufungen für die deutsche Sprache nicht sonderlich gut geeignet. Den großen Durchbruch gab es mit Franz Xaver Gabelsberger (1789-1849) und seiner „Redezeichenkunst", einer kursiven Schrift, welche sich wesentlich flüssiger zu Papier bringen ließ als die von Mosengeil entwickelte Kurzschrift. Gabelsbergers System verwenden wir in Deutschland in abgeänderter Form heute noch. Nach ihm kamen viele andere Systeme. Um 1900 sollen es zwischen 400 und 800 gewesen sein. 1906 fand in Eisenach ein Kongress der Fachleute der führenden Systeme statt. 1924 wurde die Deutsche Einheitskurzschrift eingeführt, deren Vorgängersysteme Gabelsberger und Stolze-Schrey waren.

Günter Herzog ist jedenfalls sehr stolz, dass der Erfinder der deutschen Stenografie als Student in Jena gewohnt hat: „Es gab noch andere Leute, die ähnliche Systeme erfunden und vorangebracht haben, aber in dem Fall haben wir jemanden in Jena gehabt, der sich hier aufhielt und mit der Stenografie zu tun hatte."

Nach seiner Zeit als Lehrer an der Forstschule in Zillbach trat Mosengeil 1805 in die Dienste der Herzogin Louise Eleonore (1763-1837). Sie ist die Witwe des Herzogs Georg von Sachsen-Meiningen (1761-1803) und stellte Mosengeil als Erzieher für ihren Sohn Prinz Bernhard (1800-1882) ein. „Mit Umsicht und Gewissenhaftigkeit waltete M. seines Amtes und begleitete seinen fürstlichen Zögling, nachdem er den Grund einer tüchtigen Bildung in ihm gelegt hatte, auf die Universitäten Jena und Heidelberg, sowie auf Reisen nach der Schweiz, Italien, Frankreich und den Niederlanden", steht in der Deutschen Biographie. Mosengeil kehrte also zeitweise nach Jena zurück. Und als Herzog Bernhard 1821 Regierungsverantwortung übernahm, war Mosengeil an seiner Seite. „Er stand bei seinen Mitbürgern in allgemeiner Achtung, vorzüglich aber genoß er das Vertrauen und die Anhänglichkeit seines Fürsten, welcher auch an dem Sterbebette seines alten Lehrers stand und demselben für seine Treue dankte."

Eva-Maria Bast

So geht's zum Steno-Schild:

Die Inschrift befindet sich am Haus Johannisplatz 25.

In den Mauern dieser „Terrasse“ verbergen sich viele Geschichten. Kerstin Keilholz kennt sie alle.

06

Bastion

Tragische Ereignisse – in Stein gemeißelt

Im Sommer ist sie von Springkraut derart zugewachsen, dass man sie fast nicht erkennt. Im Winter kann man sie hingegen gut ausmachen und sich über sie wundern: Warum befindet sich da eine Art Terrasse, etwas links des Weges, oberhalb der Saale? Offenkundig ist sie sehr alt. Betritt man sie und nimmt die Steine, aus denen sie gebaut ist, genauer in Augenschein, wird es gleich noch spannender! Auf ihnen befinden sich etliche Jahreszahlen und Zeichen.

Kerstin Keilholz kennt die Geschichten dieser Jahreszahlen, Zeichen und Inschriften. Vor allem aber verrät sie eins: Dass die Steine alle von dem um 1480 errichteten Vorgängerbau der heutigen Camsdorfer Brücke, einem der sieben Wunder von Jena, stammen. „Das war im Mittelalter wirklich ein sensationelles Bauwerk gewesen – und unglaublich teuer", erzählt die Gästeführerin. „Eine Legende sagt, dass sie drei Kreuzer mehr als der Kirchturm gekostet haben soll." Ursprünglich habe die Brücke fünf Bogen gehabt. „Aber der Verlauf der Saale hat sich immer weiter Richtung Osten verschoben, deshalb hat man die letzten beiden Bogen angebaut."

Die Brücke, erzählt Kerstin Keilholz, habe die beiden Vororte Camsdorf und Wenigenjena mit Jena verbunden. Da das prachtvolle Bauwerk aber nur 5,60 Meter breit war, war sie zu Beginn des 20. Jahrhunderts nicht mehr wirklich verkehrstüchtig. „Es sollte auch eine Straßenbahnlinie darüberführen, dafür war die Brücke aber zu eng. Deshalb wurde sie abgebrochen und 1913 eine neue gebaut, die dann 1945 gesprengt wurde." Beim Abbruch der mittelalterlichen Brücke 1912 habe man jedoch einige der Steine geborgen – vor allem die Gedenksteine – und etwas weiter südlich auf der Landveste als Denkmal aufgebaut. „Es soll aussehen wie der Anfang einer Brücke, nur dass es nicht weitergeht, sondern man vor einer Mauer steht", sagt Keilholz. Das Denkmal sei weitgehend vergessen, wie die Jenenserin erklärt. „Die, die es noch kennen, nennen es ‚Die Bastion'". Alle Steine, auch die, in die etwas eingemeißelt ist, befanden sich also früher an der Brücke. In einen davon sind zwei Hufeisen eingehämmert. „Dahinter steckt die Geschichte, dass ein Ritter in einer Art Bruderfehde verfolgt worden ist, angeblich konnte er seinen Verfolgern nur durch einen Sprung in die Saale entkommen." Die Brücke sei damals nicht sehr hoch gewesen. Er selbst habe sich retten können, sein Pferd, das mit ihm in die Saale springen musste, sei aber umgekommen. „Die Hufeisen sollen an das Ereignis erinnern", berichtet die Stadtführerin.

Einer der vielen Steine mit Inschrift, die zur „Bastion" gehören.

Dann finden sich an – oder in – der Bastion noch Steine, auf denen in Deutsch und in Latein etwas geschrieben steht. „Das ist beide Male der gleiche Text", sagt Kerstin Keilholz. „Und er soll an den Dreißigjährigen Krieg erinnern." Selbiger dauerte von 1618 bis 1648, die von

Schweden unterstützte protestantische Union kämpfte gegen die katholische Liga, die vom Kaiser geführt wurde. Entstanden war der Krieg durch die religiösen Gegensätze in Deutschland. Auch der Widerstand, den die Reichsstände gegen den habsburgisch-kaiserlichen Absolutismus leisteten, spielte eine große Rolle. Der Krieg beutelte Deutschland, das Hauptschauplatz war, stark und hatte schreckliche Hungersnot zur Folge. Auch an Jena zog er nicht spur- und schadlos vorbei. Es gab zahlreiche Einquartierungen von Soldaten, die Bevölkerung hatte dann, wie überall, für deren Versorgung aufzukommen, sprich, ihr ohnehin schmales Hab und Gut zu teilen. Besonders schlimm, erzählt Kerstin Keilholz, sei das Jahr 1637 gewesen, als die Schweden plündernd und mordend durch die Stadt zogen – und auch über die Camsdorfer Brücke kamen. „Um den Kaiserlichen Truppen zu entfliehen und ihnen gewissermaßen den Weg abzuschneiden, haben sie dann die letzten beiden Brückenpfeiler gesprengt, dabei starben 36 Menschen. Die Brücke war für einige Zeit nicht mehr begehbar. Zwar wurde sie provisorisch wieder aufgebaut, aber erst 1655 hat man die Pfeiler wieder errichtet."

Eine dritte Geschichte lässt sich anhand der in einen Stein eingemeißelten Jahreszahl *1823* und den Initialen *M* und *H* erzählen. Sie handelt von der Magd Maria Hüttich, die sich in eben jenem Jahr 1823 am 7. Juli mit einem schweren Korb auf dem Rücken hochschwanger auf die Brüstung gesetzt, das Gleichgewicht verloren haben und in die Saale gefallen sein soll. „Sie wurde wohl am Folgetag von einem Sohn entbunden, ist kurz darauf aber an ihren Verletzungen gestorben", erzählt Kerstin Keilholz.

Und dann gibt es noch einen rätselhaften Stein an der Bastion – in den ein Kreuz in der Mitte eingemeißelt ist. Doch das ist eine andere Geschichte, die wir auf Seite 73 erzählen.

Eva-Maria Bast

So geht's zur Bastion:

Vor der Camsdorfer Brücke (von Jena aus gesehen) rechts auf den kleinen Weg einbiegen, der auf die Landveste führt. Nach etwa 50 Metern an der Saale entlang findet man die Bastion auf der linken Seite.

Lutherstraße
2

Lutherstraße

Vom Reformator fehlt jede Spur

Die Besuche von Martin Luther (1483-1546) in Jena sind gut dokumentiert. Allein zwischen 1522 und 1537 war er mindestens elf Mal in der Stadt. Er predigte nicht nur in der Stadtkirche St. Michael von der heute noch sichtbaren Kanzel. Er rechnete ebendort auch mit seinem einstigen Verbündeten Andreas Bodenstein (1486-1541) ab, der sich von der gewaltlosen Reformation losgesagt und gewaltsame Übergriffe auf Klöster verübt hatte. Bei so viel Präsenz in der Stadt war es mehr als naheliegend, dem Theologen mit der „Lutherstraße" eine der größeren Straßen der Stadt zu widmen, oder? Immerhin gehört auch die Geschichte von seinem ersten Aufenthalt in Jena Anfang März 1522 zu einer der bekannteren Begebenheiten aus der Stadtgeschichte. Denn zu jener Zeit lebte er als Junker Jörg auf der Wartburg, arbeitete an seiner Übersetzung des Neuen Testaments und musste für einige Tage nach Wittenberg. Bei seinem Aufenthalt im Gasthof „Schwarzer Bär" unterhielt er sich den ganzen Abend mit Studenten aus der Schweiz und anderen – unter anderem über sich selbst – und gab sich nicht zu erkennen.

Die Wagnergasse erinnert genauso wenig an den Komponisten Richard Wagner…

„Natürlich denkt man bei der Lutherstraße sofort an Martin Luther", erklärt Museumspädagogin Ulrike Ellguth-Malakhov. „Aber tatsächlich hat der Straßenname mit

Museumspädagogin Ulrike Ellguth-Malakhov kann erklären, warum die Lutherstraße mit dem Reformator Martin Luther überhaupt nichts zu tun hat.

… wie die Bachgasse an Johann Sebastian Bach oder einen seiner Verwandten erinnert.

ihm überhaupt nichts zu tun.“ Der kleine Bach Leutra sei schuld an der Verwirrung. „Er hieß im Volksmund nämlich auch Litter, Lotter oder Lutter und floss in unmittelbarer Nähe der heutigen Straße. Sie ist also nach dem Gewässer benannt.“ Bis 1759 floss die Leutra offen durch die Stadt, seit 1831 ist sie weitgehend eingefasst und kaum noch zu sehen. An einigen Stellen in der Jenaer Innenstadt tritt sie aber auch heute noch in Erscheinung: Manchmal schießt ihr Wasser durch entsprechende Rinnen in der Stadt und erinnert daran, dass mit der so genannten „Leutrafege“ früher Müll und Schmutz aus der Stadt abtransportiert wurden (siehe Geheimnis 16).

Schon am 17. November 1886 beschloss der Gemeinderat, die sich damals entwickelnde neue Straße zwischen der Leutra und dem Eisenbahndamm „Lutherstraße“ zu nennen. In unmittelbarer Nähe befand sich der Leutrabrunnen, den die Jenaer auch „Lutherbrunnen“ nannten. Über ihn erzählte man sich lange, sein Name stamme daher, dass Martin Luther an ihm gesessen und seinen Durst mit seinem Wasser gestillt hätte. Solche und andere Geschichten waren schon immer beliebt.

Gibt es im Stadtplan also keinen einzigen Hinweis auf den Reformator selbst? Doch! Eine Würdigung im Straßenverzeichnis der Stadt Jena hat Martin Luther bereits vor dem Gewässer erfahren: Am 7. September 1881, also fünf Jahre, bevor die Lutherstraße auf dem Plan auftauchte, beschloss der Gemeinderat, den „Lutherplatz“ künftig nach dem Reformator zu benennen. Im Straßenverzeichnis war er ohnehin seit 1874 unter diesem Namen eingetragen, da fehlte nur noch die offizielle Bestätigung.

„Interessant ist, dass es in unmittelbarer Nähe zur Lutherstraße noch weitere Straßennamen gibt, die in die Irre führen“, erzählt

Ulrike Ellguth-Malakhov schmunzelnd. So erinnert die Wagnergasse nicht etwa an Richard Wagner. Der Komponist versteckte sich zwar am 23. und 24. Mai 1849 nach seiner Teilnahme am Dresdner Mai-Aufstand in Jena und erhielt hier einen falschen Pass, mit dem er ins Schweizer Exil fliehen konnte. Doch das war nicht der Anlass, eine Straße nach ihm zu benennen. Die Wagnergasse in der Innenstadt erinnert schlicht an die früher hier ansässigen Räder- und Wagenbauer.

Und auch wer denkt, dass die parallel verlaufende Bachstraße an den Komponisten Johann Sebastian Bach oder einen seiner Nachkommen erinnert, liegt falsch. Zwar starb 1739 einer von Bachs Söhnen in Jena an hitzigem Fieber, als der Vater gerade Thomaskantor in Leipzig war, und einer von Bach Seniors Vettern wirkte als Organist an der Jenaer Stadtkirche. Doch der Familie ist keine Straße gewidmet. Vielmehr schließt sich mit der Bachstraße der Kreis zur Lutherstraße, denn auch ihr Name geht auf ein Gewässer zurück: Ein Seitenarm der Leutra floss einst als Bach durch die Straße.

Heike Thissen

So geht's zur Lutherstraße:

Die Lutherstraße beginnt am Carl-Zeiß-Platz und führt in nordwestlicher Richtung gen Stadtrand, immer parallel der Leutra, nach der sie benannt ist.

08

Messingplatten

Erste Schritte Richtung Freundschaft

Der 20. Juli 1794 war ein Sonntag. Ein bedeutender Sonntag sogar. Man könnte vielleicht sogar so weit gehen zu sagen, dass es ohne diesen Sonntag die Weimarer Klassik nicht oder zumindest nicht in dieser Form gegeben hätte. An diesem Sonntag nämlich fand in Jena eine folgenschwere Begegnung statt: In der Naturforschenden Gesellschaft gab es einen Vortrag zur Metamorphose der Pflanzen, an dem zwei Herren teilnahmen, die sich, wie Tammy Westerhausen sagt, bisher vor allem wegen ihrer Standesunterschiede eher aus dem Weg gegangen waren: Friedrich Schiller (1759-1805) und Johann Wolfgang von Goethe (1749-1832). „Doch irgendwie kamen sie nach diesem Vortrag ins Gespräch, sie sind sich wohl in der Tür begegnet“, hat die Germanistin aus Amerika, die seit Jahrzehnten in Jena lebt, recherchiert. „Zwischen Goethe und Schiller entwickelte sich ein Gespräch über die Metamorphose der Pflanzen, wobei die Herren über den Marktplatz hin und her gelaufen sind.“

Der Vortrag fand im Bachstein'schen Haus statt, gewissermaßen auf der Rückseite des heutigen Rathauses, und Schiller wohnte Unterm Markt 1 im ehemaligen Kirsten'schen Haus. „Die beiden gingen den Weg zu Schillers Haus hinunter und wieder hinauf zur Rathausgasse, wo der Vortrag stattfand, und wieder hinunter und wieder hinauf und diskutierten dabei eifrig“, beschreibt die Gästeführerin. Sie weist auf etwas hin, das an diesen Weg, auf dem die Freundschaft zwischen den Männern begann, erinnert: 60 kleine Messingplatten, in jede ist ein stilisiertes Blatt von insgesamt 30 verschiedenen Baumarten eingraviert. Die Platten entstanden 2008 im Rahmen des Botho-Graef-Kunstpreises für zeitgenössische Kunst. 214 Jahre, nachdem diese Freundschaft zwischen den beiden Herren, die die Weimarer Klassik prägten, begann, wurde in Jena also eine Erinnerung an sie geschaffen.

Doch zurück ins 18. Jahrhundert: Schließlich ließen die beiden Dichter das Spazierengehen sein. „Schiller lud Goethe zu sich nach

Tammy Westerhausen geht auf dem „Messingplatten-Weg“ spazieren.

Diese runde Platte erinnert – wie 59 weitere – an die Entstehung einer besonderen Freundschaft.

Hause ein", sagt Westerhausen. Goethe beschrieb das so: „Wir gelangten zu seinem Hause, das Gespräch lockte mich hinein; da trug ich die Metamorphose der Pflanzen lebhaft vor und ließ, mit manchen charakteristischen Federstrichen, eine symbolische Pflanze vor seinen Augen entstehen. Er vernahm und schaute das alles mit großer Teilnahme, mit entschiedener Fassungskraft; als ich aber geendet, schüttelte er den Kopf und sagte: ‚Das ist keine Erfahrung, das ist eine Idee.' Ich stutzte, verdrießlich einigermaßen; denn der Punkt, der uns trennte, war dadurch aufs strengste bezeichnet. Die Behauptung aus Anmut und Würde fiel mir wieder ein, der alte Groll wollte sich regen; ich nahm mich aber zusammen und versetzte: ‚Das kann mir sehr lieb sein, daß ich Ideen habe, ohne es zu wissen, und sie sogar mit Augen sehe.'" Später stellte Goethe fest: „Ich kann den Menschen nicht vergessen!"

Der 20. Juli 1794 war also der Beginn einer großen Freundschaft, die dauern sollte. „Sie haben sich seither gegenseitig immer wieder besucht, und Charlotte von Schiller hat sich oft beschwert, weil sie nicht schlafen konnte", schmunzelt Tammy Westerhausen. Goethe sei nämlich gern bis spät in der Nacht geblieben. „Sie haben Gedanken ausgetauscht und Geistesblitze gehabt und da wurde es sicherlich auch mal etwas lauter", kann sich die Amerikanerin vorstellen.

Tammy Westerhausen findet es wichtig zu betonen, dass diese so bedeutsame Begegnung in Jena stattfand: Man vergesse immer, wie aktiv Goethe und Schiller in Jena und eben nicht nur in Weimar waren. Die Germanistin hat genau nachgerechnet und festgestellt, dass man, wenn man jeden Tag addiert, auf insgesamt zehn Jahre kommt, in denen sich Schiller in Jena aufgehalten hat.

Eva-Maria Bast

So geht's zu den Messingplatten:

Die 60 Platten ziehen sich, am Rathaus vorbei, die Marktstraße entlang.

Der kleine Platz an der Oberlauengasse bietet gleich mehrere Geheimnisse. Unter anderem weist eine goldene Inschrift am Fachwerk-Erker auf das Haus am Breiten Stein hin.

09

Breiter Stein

Als die Leutra noch ungezähmt floss

Wer den Bach so friedlich am westlichen Rand der Innenstadt fließen sieht, kann sich kaum vorstellen, dass die Leutra einst ein ungezügeltes Wesen besaß. Sie brachte oft Hochwasser mit, unter dem vor allem die Bewohner der Löbdervorstadt zu leiden hatten. Deshalb teilte man den Bach schon vor 1300 ein Stück vor den Toren der Stadt. Der „wilde" Arm wurde nach Süden zur Saale hin verlegt und der „zahme" in die Stadt geleitet. Ein recht unscheinbarer Hinweis aus goldenen Lettern zeugt noch von der Existenz der kleinen Wasserarme in der Stadt.

Gästeführer André Nawrotzki kennt das Geheimnis um den Breiten Stein.

André Nawrotzki steht auf dem kleinen Platz zwischen Oberlauengasse und Saalstraße und deutet auf einen Fachwerk-Erker über seinem Kopf. Dort ist die Inschrift: „Im 17. Jahrhundert: Am Breiten Stein“ zu lesen. Nawrotzki weiß aus zweierlei Gründen, was es damit auf sich hat. Zum einen hat er als Grafikdesigner Stadtpläne von Jena aus vielen Jahrhunderten zusammengetragen und miteinander verglichen. Darauf ist der einstige Lauf der Leutra gut zu erkennen. Und zum anderen ist Nawrotzki Gästeführer und interessiert sich für die Geschichte seiner Stadt. Er erläutert: „Das Flüsschen trieb nicht nur neun Mühlen vor der Stadt, sondern auch zwei in der Stadt an – die Judenmühle und die Marktmühle. Beim Haus zum Breiten Stein wurden die Äderchen der zahmen Leutra wieder gebündelt, der Bach floss durch das Saaltor in die Mühllache.“ Links und rechts vom Haus mit der goldenen Inschrift „Am Breiten Stein“ rann also Wasser vorbei. „Damit die Menschen keine nassen Füße bekamen, wurden hier große Steine verlegt, die über die Leutra führten“, sagt der Gästeführer. So erklärt sich die Inschrift im Erker. Doch auch wenn die Buchstaben auf das 17. Jahrhundert hinweisen, stammt das Haus mit dem Fachwerk-Anbau aus jüngerer Zeit.

Nach und nach wurde der zahme Arm der Leutra dann aus der Stadt verdrängt. Schon 1759 waren Teile der Wasseradern abgedeckt worden. Das hat Nawrotzki anhand alter Karten nachgewiesen. Der wilde Arm floss lange weiterhin offen, wie in einem Stadtplan von 1895 erkennbar ist. Doch durch die Industrialisierung wuchs Jena rasant, die Leutra musste dem zunehmenden Verkehr weichen und wurde im Jahr 1900 vom Carl-Zeiß-Platz bis zur Weimar-Geraer Bahnhofs-Straße (heute Westbahnhofstraße) verrohrt. „Die Leutra-Arme in der Stadt waren zugeschüttet oder durch die neu errichtete Kanalisation geführt worden“, erklärt André Nawrotzki. In den 1930er-Jahren hat der Bach noch ein weiteres Stückchen des oberirdischen Verlaufs eingebüßt: Die Leutra taucht heute erst an der Ecke Ernst-Haeckel-Straße/Erbertstraße wieder auf.

Der Hinweis auf den Breiten Stein bleibt aber nicht das einzige Geheimnis des kleinen Platzes an der Oberlauengasse. André Nawrotzki schaut sich um und weist auf ein unscheinbares Straßenschild hin: Die Gasse links vom Haus am Breiten Stein heißt „An der Marktmühle". „Wenn Sie Jenaer oder Jenenser fragen, wo diese Gasse liegt, ernten Sie meist unwissendes Schulterzucken", sagt der Gästeführer. Der Straßenname erinnert ebenfalls daran, dass die Leutra einst Mühlen antrieb (siehe Geheimnis 16). Dann fällt Nawrotzkis Blick auf den Löwenbrunnen vor dem Fachwerk-Erker. „Dieser Brunnen stand früher auf dem Marktplatz, doch nachdem Bismarck 1892 dort gesprochen hatte, musste der Löwenbrunnen weichen", erzählt er. Auf dem Marktplatz steht stattdessen seit 1894 der Bismarckbrunnen.

Der Platz rund um den Breiten Stein bietet noch ein ganz anderes Geheimnis. „Schauen Sie sich mal diese schöne Barockfassade hier an", sagt André Nawrotzki und deutet auf ein gelbes Haus an der Ecke Oberlauengasse/An der Marktmühle. Der Schein trügt, denn das Gebäude entstand erst 1987/88 und trägt unter der Barockfassade die damals üblichen Platten. Nawrotzki erläutert: „Als der damalige Uniturm gebaut wurde, mussten 1968/69 viele Häuser abgerissen werden, so auch das eigentlich unter Denkmalschutz stehende Honigmann'sche Geschäftshaus in der Leutrastraße 28." Die alte Fassade wurde eingelagert und Jahre später an einem anderen Ort zu neuem Leben erweckt. Die Honigmann'sche Fassade bildet mit dem Haus am Breiten Stein und dem Löwenbrunnen ein nettes Plätzchen zum Verweilen. Ganz ohne nasse Füße.

Kirsten Schlüter

So geht's zum Breiten Stein:

Das Haus zum Breiten Stein befindet sich an der Oberlauengasse. Der Weg dorthin führt vom Markt weiter auf Unterm Markt und dann nach links auf einen kleinen Platz.

Die Gedenktafel für F. W. Demelius unterscheidet sich grundlegend von den weißen Emailletafeln, die in ganz Jena zu sehen sind (siehe Bilder auf der rechten Seite). Sie erinnert an einen ganz besonderen Studenten.

10

Latte-Gedenktafel

Zu Ehren des immerwährenden Studenten

Die weißen Emaille-Tafeln an den Hauswänden der Stadt sind Jenaer Originale. Zu Hunderten erinnern sie an verdiente Professoren, berühmte Studenten, Geistesgrößen sowie Männer und Frauen, die für die Saalestadt aus irgendeinem Grund von Bedeutung sind, und sei es allein deswegen, weil sie hier längere Zeit verweilt haben. Die Tafeln sehen fast alle gleich aus: In schwarzer Schrift auf weißem Hintergrund sind jeweils Vor- und Nachname der geehrten Person zu lesen, darunter ihr Beruf oder ihre Funktion, dann die Zeiten ihres Aufenthalts in Jena. Literarische Berühmtheiten wie Friedrich Schiller oder Johann Wolfgang von Goethe kamen so bereits zu Ehren, Musiker wie Clara und Robert

Schumann und viele andere mehr. Doch es gibt eine Tafel unter ihnen, die sich von allen anderen unterscheidet. Sie befindet sich in der Ballhausgasse 6 und wurde individuell bemalt, so dass sie weiße Schrift auf dunkelgrünem Grund zeigt. Wie auf ihr zu lesen ist, erinnert sie an Friedrich Wilhelm Demelius, genannt „Latte“, der nichts wirklich studiert hat und 1827 bis 1873 in dem Haus in Jena lebte.

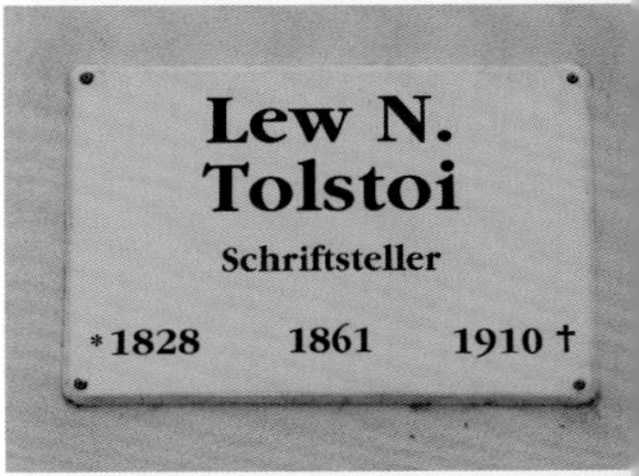

„Dieser Demelius war ein sehr ungewöhnlicher Student. Es geht die Legende, dass er jahrzehntelang in Jena studiert hat, ohne auch nur ein einziges Mal einen Hörsaal zu betreten“, erzählt Stadtkennerin Uta Lörzer. Inzwischen hat die Universität Jena allerdings herausgefunden, dass der Pastorensohn aus Cospeda, geboren 1801 und gestorben 1874, nicht nur immatrikuliert war, sondern wohl tatsächlich 16 Semester mehr oder weniger ambitioniert studiert hat, erst „Medicin“, dann Psychologie, Geschichte und Theologie. Das Sommersemester 1834 ist als sein letztes in den Akten der Universität vermerkt. Davon jedoch, dass er es in einem seiner Fächer zu einem Abschluss gebracht hätte, steht dort nichts zu lesen. „Trotzdem erlangte er natürlich unter den Jenaer Studenten eine gewisse Berühmtheit, schon allein wegen seiner beachtlichen Anzahl an Semestern“, erklärt Uta Lörzer.

1834, nach 7 Jahren, verwehrte ihm die Universität das weitere Studium. Doch auch im Anschluss stand Demelius nicht der Sinn nach einem richtigen Beruf. Langeweile kam bei ihm trotzdem nicht auf. Seine Spitznamen „Latte“ oder „Bierlatte“ verweisen bereits darauf, dass er ein oft gesehener Gast in den Kneipen der Stadt war. Der „Burgkeller“, die „Rose“ und der „Fürstenkeller“ gehörten zu seinen liebsten Aufenthaltsorten. Seinen Lebensunterhalt verdiente er zeitweise damit, dass er einen regen Handel mit Kopien seiner Vorlesungshefte betrieb und sie anderen untätigen und faulen Studenten zum Abschreiben zur Verfügung stellte.

Nach seinem Tod machten sich wohl andere Studenten einen Spaß daraus, für ihn an seinem ehemaligen Wohnhaus in alter Jenaer Tradition eine Gedenktafel anzubringen. Sie war aus Holz und hing dort mehr als 100 Jahre, bevor sie 1979 von Theologiestudenten, die zu diesem Zeitpunkt in dem Haus wohnten, rundumerneuert wurde. Bis 1993 erinnerte nun diese Tafel an Demelius und seinen zweifelhaften Ruhm, dann verschwand sie für einige Jahre. „Im Jahr 2011 hat man eine neue in Erinnerung an ihn angebracht", sagt Uta Lörzer.

„Es geht die Legende, dass er jahrzehntelang in Jena studiert hat, ohne auch nur ein einziges Mal einen Hörsaal zu betreten."

Die Gedenktafeln in Jena gehen zurück auf die Initiative des Physikers, Astronomen und Mathematikers Hermann Schaeffer (1824-1900; siehe Geheimnis 18), der im Jubiläumsjahr 1858 zum 300-jährigen Bestehen der Universität Jena die ersten weiß lackierten Exemplare aus Zinkblech zu Ehren bedeutender Persönlichkeiten an verschiedenen Häuserfassaden anbringen ließ. Sie sollten entweder an den Wohnhäusern oder an den Wirkstätten die Erinnerung an die Menschen wachhalten. Bereits im ersten Jahr waren es 218 Tafeln, die die Außenwände zierten. Zwei Drittel von ihnen erinnerten an Professoren, ein Drittel an Studenten, die in ihrem späteren Leben zu Ruhm und Ehre gelangten, oder an wichtige Jena-Besucher. Seit mehr als 150 Jahren pflegen die Jenaer diese Tradition, entsprechend viele Tafeln sind inzwischen zusammengekommen. Und eine davon erinnert an den immerwährenden Studenten Demelius.

Heike Thissen

So geht's zur Latte-Gedenktafel:

Die Gedenktafel für F. W. Demelius hängt an der Außenwand des Hauses in der Ballhausgasse 6.

Rainer Otte macht darauf aufmerksam, wie dick die Mauern des Hochbunkers in der Bachstraße sind. Für die heutige Nutzung des Gebäudes sei dies sehr praktisch.

11

Bunker

Schutz hinter dicken Mauern

Wer im Alltag an den beiden Gebäuden vorbeieilt, wird nichts Auffälliges an ihnen feststellen. Doch nimmt man die Häuser an der Bachstraße 18 und der Ecke Gartenstraße/Semmelweisstraße genauer in Augenschein, werden Unterschiede zu den Nachbarbauten sichtbar – und Gemeinsamkeiten zwischen ihnen. Beide haben ein Flachdach, eine steinerne Zierleiste über den Fenstern und dicke Mauern. Das kommt nicht von ungefähr: Die Häuser sind zwei von insgesamt neun Hochbunkern, die einst in Jena standen. Fünf wurden nach Kriegsende gesprengt, vier blieben erhalten und sind noch heute im Stadtbild zu finden.

Die Bunker aus der Zeit des Zweiten Weltkriegs sind in der Bevölkerung kaum bekannt. Rainer Otte dagegen weiß fast alles über die Bauten und ihre wechselvolle Vergangenheit. Der Jenenser hat einen ganz persönlichen Bezug zu den Luftschutzhäusern: „Als Kind bin ich oft mit meiner Mutter in die Bunker geflüchtet, wurde aber trotzdem durch einen amerikanischen Angriff verschüttet", erzählt der Senior, „deshalb wollte ich die Geschichte dieser Gebäude aufarbeiten." Otte ist seit 2009 ehrenamtlicher Mitarbeiter des Stadtarchivs. Er kennt die Bunker in Jena aber auch deshalb, weil er Hoch- und Tiefbau studierte und als Diplomingenieur für viele Planungen im Klinikareal zuständig war. Vor dem Haus an der Gartenstraße, das damals wie heute zur Frauenklinik gehört, erklärt er: „Hier sollten die Frauen auch im Fall eines Luftangriffs sicher gebären können." Rainer Otte hält seinen Arm an den Türrahmen des früheren Eingangs. Auch ausgestreckt reicht er kaum aus, um die Dicke der Außenwand abzudecken. „Die Mauern waren bis zu 1,20 Meter stark", erläutert der Experte. Der Klinikbunker ist 23,30 Meter lang, 14,50 Meter breit und rund elf Meter hoch. An der Gartenstraße hatte der Eingang eine Splitterschutz- und eine Gasschleuse, dahinter einen Durchgang zum Klinik-Altbau. „Der Bunker bot im Keller, Erdgeschoss sowie auf zwei Obergeschossen viele Zimmer für den Betrieb einer Entbindungsstation, darunter Milch- und Teeküchen, Räume für Hebammen und Ärzte, Operations- und Kreißsäle, Sterilisier-, Wehen- und Untersuchungszimmer, Aufenthaltsorte für Pflegerinnen, Kleider- und Wäscheräume, einige Betten sowie einen Tiefbrunnen, eine Notstromanlage, Lüftungs- und Entgiftungsfilteranlagen", zählt Rainer Otte auf. 47 Mütter mit ihren Säuglingen hätten hier bei Fliegeralarm Schutz gefunden.

Die Architektur der Hochbunker ist immer ähnlich. Charakteristisch ist die Leiste über den Fenstern.

Rainer Otte blickt an dem massiven Gebäude hoch und deutet ganz nach oben. „Eigentlich sollte hier ein Satteldach entstehen, doch aus Mangel an Kantholz wurde es ein Flachdach, so wie auch in der Bachstraße", erläutert er. Der Bunker dort, nur wenige Gehminuten von der Entbindungsstation entfernt, entstand zeitgleich ab Januar 1941. Er diente der Chirurgischen Klinik Jena und bot auf vier Ebenen Platz für 114 kranke Menschen. Dieser Bau hat mit 29,20 Metern Länge, 18,40 Metern Breite und rund zwölf Metern Höhe noch größere Ausmaße als der andere Klinikbunker. Im Keller befindet sich ein unterirdischer Verbindungsgang zum Nachbargebäude. Dieser Gang ist zwei Meter breit und hoch, Wände und Decke sind je einen Meter stark. „Die dicken Mauern passen ja zur heutigen Nutzung des Bunkers als Röntgenzentrum", sagt Rainer Otte. Dann deutet er auf die Zierleiste unter dem Dach, die an Burgzinnen erinnert. Sie fand sich an allen Jenaer Bunkern. Hintergrund ist, dass die Architekten an den Endsieg der Nationalsozialisten glaubten. Deshalb entwarfen sie die Bunker so, dass sie nach dem Krieg umgenutzt werden konnten. Der ehemalige Student Volker Land führt in seiner Abschlussarbeit über die Hochbunker des Zweiten Weltkriegs in Jena aus, dass die Luftschutzkeller sich einerseits harmonisch in das Stadtbild einfügen, gleichzeitig aber an Befestigungsbauten in früheren Zeiten erinnern sollten. So entstanden symmetrische Fassaden mit wuchtigen Säuleneingängen, die laut Volker Land unter funktionalen Gesichtspunkten nicht notwendig gewesen wären. Eines dieser Portale bildet noch heute den Eingang zum Röntgenzentrum.

Die beiden Klinikbunker wurden auch „L.S.-Bau 7" und „L.S.-Bau 8" genannt. Es gab noch sieben weitere Luftschutzgebäude. „Sie wurden, soweit möglich, aus Kostengründen auf städtische Grundstücke gebaut", sagt Rainer Otte. So erklärt sich auch teilweise die Verteilung der Hochbunker in Jena. Weiteres Kriterium war die Nähe zu wichtigen Punkten der Infrastruktur. Demnach entstand außer den beiden Klinikbunkern ein weiterer „hinter der Kirche", also in der Altstadt, nahe dem Rathaus. Auch in der Nähe aller drei Bahnhöfe befand sich jeweils ein Luftschutzbau: am Magdelstieg (neben den Schott-Werken und nahe dem Westbahnhof), in der Knebelstraße (eine Luftschutz-Rettungsstelle für Sanitäter gegenüber dem Paradiesbahnhof) und zwischen Spitzweidenweg und Adolf-Hitler-Straße (heute Saalbahnhofstraße;

„Als Kind bin ich oft mit meiner Mutter in die Bunker geflüchtet."

neben dem einstigen Reichsbahnausbesserungswerk). Weitere Bunker entstanden in der damaligen Kriegerheimstraße (heute Karl-Günther-Straße) und am Adlerstieg. Hier, in Jena-Ost, lebten viele Angestellte großer Betriebe, die für die Rüstungsindustrie wichtig waren. Schließlich gab es noch den so genannten Polizeibunker in der Felsenkellerstraße, ebenfalls in der Nähe des Westbahnhofs. Dass in Jena schon Anfang 1941 Schutzbauten entstanden, hängt mit der Bedeutung der Stadt für die Rüstungsindustrie zusammen. Jena wurde als „Luftschutzort I. Ordnung" eingestuft (es gab drei Kategorien) und somit beim „Führer-Sofortprogramm" für den Bunkerbau berücksichtigt. Carl Zeiss zum Beispiel hatte bereits zu Beginn der 1930er-Jahre den Anteil der für das Militär wichtigen Produktion erhöht.

Die Aufzählung verdeutlicht, dass es beim Bau der speziellen Häuser nicht vorrangig um den Schutz der Zivilbevölkerung ging. Denn zum einen waren der Polizeibunker und die beiden Klinikbauten gar nicht für die Öffentlichkeit zugänglich. Zum anderen sollten hauptsächlich Funktionäre und Arbeiter geschützt werden, die für die Rüstung wichtig waren. So kontrollierten Bunkerwarte am Eingang, wer Zutritt erhielt. Dafür wurden nach sehr umstrittenen Kriterien Einlasskarten verteilt.

Auch die dicken Wände sind ein typisches Merkmal für Hochbunker in Jena. Erkennen kann man sie hinter dem Fensterglas.

Fraglich ist zudem, ob die angeblich bombensicheren Gebäude im Ernstfall tatsächlich Schutz geboten hätten. Laut Volker Land hätten die Bunker einem direkten Treffer der neuen Bombengenerationen nicht standgehalten. Das Glück der Bevölkerung war, dass es keinen solchen Treffer auf Jenas Bunker gab. Überhaupt blieb Jena zunächst weitgehend von Luftangriffen verschont, obwohl die Stadt große Bedeutung für die deutsche Militär-Optik und -Feinmechanik hatte. Der erste Luftangriff erfolgte am 17. August 1940, zwei weitere kamen im Frühsommer 1943 hinzu. Erst im Frühling 1945 wurde die Stadt heftiger bombardiert. Wohl über 700

Einwohner verloren dabei ihr Leben, mehr als 2000 wurden verletzt. Die Zeiss-Werke, die Universität und viele historische Kulturbauten wurden schwer getroffen. Jena gilt – nach Nordhausen – als die am zweitstärksten zerstörte Stadt in Thüringen.

Den vier noch erhaltenen Bunkern in Jena ist die schmerzvolle Vergangenheit nicht mehr anzusehen. Denn die in der Architektur angelegte Möglichkeit, die Gebäude später zivil zu nutzen, machte sich die Sowjetische Militäradministration nach Deutschlands Niederlage zunutze: „Am 5. Juli 1946 befahl sie, dass die Luftschutzbunker sofort so umzubauen seien, dass der kriegerische Charakter verschwindet", sagt Rainer Otte. „Der Bau am Magdelstieg ist in Privatbesitz und wird nun zu einem Studentenwohnheim umfunktioniert", erzählt er. „Zu DDR-Zeiten war dort ein Mischfutterwerk für Hühner, Schafe, Enten und so weiter untergebracht." Der Bunker in der Karl-Günther-Straße gehört der Universität. „Nach dem Krieg lagerte sie dort wertvolle Bücher, heute dient das Haus als eine Art Asservatenkammer der Uni Jena", so Otte. Inzwischen wohne auch ein Mitarbeiter der Universität dort. Die einstigen Kriegsbauten erhielten nachträglich Fenster und eine neue Ausstattung. Doch die dicken Mauern und die Flachdächer verraten ihre militärische Vergangenheit.

Kirsten Schlüter

So geht's zu den Bunkern:

Von den ehemals neun Bunkern in Jena sind vier noch zu sehen. Ein Hochbunker steht an der Bachstraße 18, ein anderer an der Ecke Semmelweisstraße/Gartenstraße. Zwei weitere befinden sich am Magdelstieg und der Karl-Günther-Straße.

Die Kalksteinmauer, vor der Bertram Flößner steht, ist der letzte Rest eines geplanten Heldenfriedhofs der NSDAP. Auf der Skizze in seinen Händen ist das Ausmaß der Pläne zu erkennen.

12

Kalksteinmauer

Was vom Heldenfriedhof übrig blieb

Dass kaum ein Jenaer diese Kalksteinmauer kennt, kommt nicht von ungefähr. Man muss auf dem Nordfriedhof bis ans nördliche Ende gehen, um vor einem steilen Hang auf dieses aus grob behauenen Steinen zusammengesetzte Bauwerk zu stoßen. „Die Nationalsozialisten hatten hier einen riesigen Heldenfriedhof geplant. Es sollten ein Aufmarschplatz, eine Trauerhalle und ein Krematorium gebaut werden, und das im großen Stil", sagt Bertram Flößner, Abteilungsleiter der Städtischen Friedhöfe, „ausgeführt wurde jedoch trotz vieler detaillierter Skizzen nur die Kalksteinmauer, die heute noch auf dem Friedhof zu sehen ist."

Über mehrere riesige Terrassen sollten sich die Gräber der Parteimitglieder und Kriegsgefallenen verteilen. Unzählige Treppen waren zwischen den einzelnen Ebenen geplant. Eine große Säulenhalle sollte das Ganze überragen. „Ich vermute, dass die heute noch sichtbare Mauer dazu dienen sollte, den Hang zu stützen und dass sie hinter dem Gebäude gestanden hätte", überlegt Flößner. In der Friedhofsverwaltung finden sich noch Dutzende Pläne dazu, was sich Architekten und Friedhofsverwaltung damals als Gestaltung vorstellen konnten.

Schon in den Jahren zwischen 1931 und 1938 nahmen so genannte Fürsorgearbeiter für gemeinnützige Arbeiten die ersten, groben Geländearbeiten vor, um den Jenaer Friedhof jenseits des Munketalbaches zu erweitern. „Aus dem Jahr 1938 stammen dann die ersten Pläne vom damaligen Friedhofsinspektor Gustav Diekmann für einen ‚Ehrenfriedhof für alte Kämpfer mit Familienangehörigen'", erklärt Flößner. Doch offensichtlich wurden Diekmanns Pläne nicht weiter berücksichtigt – bis zum Jahr 1939. Der damalige NSDAP-Oberbürgermeister Armin Schmidt ließ am 11. September 1939 an die Friedhofsverwaltung schreiben: „Mit dem Ausbruch des Krieges dürfte wieder die Frage der Anlegung eines Heldenfriedhofs akut werden. Ich bitte, eine entsprechende Planung vorzubereiten und mir zur Vorlage bringen zu wollen." Da lagen der deutsche Angriff auf Polen und der Beginn des Zweiten Weltkriegs gerade einmal elf Tage zurück.

„Es sollten ein Aufmarschplatz, eine Trauerhalle und ein Krematorium gebaut werden, und das im großen Stil."

Diekmann machte sich ans Werk und brachte viele Visionen davon zu Papier, wie das Vorhaben umgesetzt werden könnte. Einige gingen davon aus, auf fast fünf Hektar Fläche Platz für rund 1000 Urnen gefallener Soldaten und für NSDAP-Mitglieder zu schaffen. „Der Ideologie der Nationalsozialisten entsprechend war das Projekt monumental geplant und riesig dimensioniert. Wenn man bedenkt, dass auf unserer Kriegsgräberanlage rund 150 Soldaten beigesetzt sind, war der Ehrenfriedhof mit seinen 1000 Plätzen groß angelegt", interpretiert Flößner die vielen verschiedenen Skizzen für das Vorhaben, die noch heute in der Friedhofsverwaltung lagern.

Am 14. Februar 1940, fünf Monate nach Kriegsausbruch, wies der Jenaer Stadtrat bereits darauf hin, dass die Arbeiten am Ehrenfriedhof beschleunigt werden müssten, weil die Rückführung der Gefallenen in die Heimat bevorstehe. Weil weder Kriegsgefangene noch ausländische Arbeiter aus den besetzten Ostgebieten für diese Arbeiten zur Verfügung standen, mussten 30 Strafgefangene aus dem Gefängnis Naumburg ab März 1940 die sehr mühevollen Arbeiten verrichten. 166.000 Reichsmark plante die Stadt für die entsprechenden Steinmetz-, Maurer- und Eisenbetonarbeiten auszugeben. Doch die Arbeiten zogen sich in die Länge.

Neben der Mauer am Hang und der Freifläche davor gehörten zur Planung auch breit angelegte Wege, deren Reste noch heute zu sehen sind. Diese hatte sich Wilhelm Kreis, Generalbaurat für die Gestaltung der deutschen Kriegerfriedhöfe, ausdrücklich gewünscht: „...auf keinen Fall dürfen die Organisationen über Treppen geführt werden, soweit sich das irgendwie umgehen lässt, weil für hintereinander marschierende Kolonnen stets die Gefahr des Hinfallens besteht." Das ist in einem Protokoll zu seinem Besuch auf dem Jenaer Nordfriedhof am 22. Oktober 1941 nachzulesen.

Tatsächlich wurde von den vielen Plänen keiner umgesetzt. Noch Ende 1941 mussten die Bestattungen von Kriegsgefallenen provisorisch auf dem allgemeinen Friedhof erfolgen. „Danach scheiterte das Vorhaben wohl an den finanziellen Mitteln und am Mangel an Baustoffen", sagt Bertram Flößner. So detailliert die hochtrabenden Pläne auch festgehalten sind, findet sich in den Unterlagen im Stadtarchiv doch kein Vermerk dazu, warum das Projekt schlussendlich abgebrochen wurde.

Heike Thissen

So geht's zur Kalksteinmauer:

Vom Haupteingang (Hufelandweg 4) den Friedhof Richtung Norden durchlaufen, die Brücke über den Munketalbach überqueren, dann den Treppen weiter bergan folgen. Bevor der Friedhof an einem steilen Hang endet, ist die Kalksteinmauer zu sehen.

Hier hindurch schritt einst ein prominentes Brautpaar.

13

Unvollendete Pforte

Wenn die Leidenschaft vom Dichten ablenkt

Irgendwie passt das: Das Tor, durch das Friedrich Schiller (1759-1805) und seine Charlotte (1766-1825) am Tage ihrer Hochzeit, dem 22. Februar 1790, zum Traualtar schritten, war und ist unvollendet. Statt den oberen Bogen zu Ende zu führen, wurde ein Dach aufgesetzt. Das, sagt Kerstin Keilholz, ist das Geheimnis dieser Kirche, die heute als Schillerkirche bekannt ist, damals aber noch schlicht „Unserer lieben Frau“ hieß. Ein Detail, das man kaum, ach was, das man gar nicht wahrnimmt, wenn man das Gotteshaus betrachtet. Und es weiß auch fast niemand, sagt die Jenenserin, dass die Steine, die eigentlich für den Weiterbau der heutigen Schillerkirche gedacht waren, stattdessen in der Stadtkirche vermauert wurden. Praktischerweise hatte die den gleichen Baumeister: Peter Heierliß.

Warum plötzlich so schnell ein Dach auf die Pforte musste, bevor sie fertig war, hat einen ganz einfachen Grund, sagt Kerstin Keilholz: Das Geld ging aus. Das war im ersten Drittel des 15. Jahrhunderts. Es hatte einen kleineren Vorgängerbau gegeben. „Für den gotischen Chor mit schlanken, zweigeteilten Fenstern hat es noch gereicht; der ursprünglich geplante Bau des Kirchenschiffes ist aber nie zur Ausführung gekommen." Und auch die Pforte wurde eben nie fertiggestellt. Trotzdem oder vielleicht gerade deshalb wurde sie „Schöne Pforte" genannt.

„Als ich in die stille Dorfkirche hineintrat, schwammen leichte Abendwolken am blauen Himmel, und die Abendsonne übergoß sie mit rötlichem Glanze."

Rund 350 Jahre später schreitet dann ein Mann durch diese Pforte zu dessen Beziehung mit seiner Zukünftigen – nein, eher, zu dessen gesamtem Umgang mit der Liebe und ihren Gefahren – dieses Bild irgendwie passt. Nicht der Unvollendetheit wegen. Sondern des Daches wegen, das schnell noch darauf gesetzt wird und damit ein Weiterwachsen – oder in diesem Falle auch ein Ausufern – verhindert. Doch der Reihe nach:

Schiller ist in jungen Jahren dem weiblichen Geschlecht ausgesprochen zugetan. Begonnen haben soll sein Liebesleben mit seiner Wirtin in Stuttgart, Luise Dorothea Vischer, die acht Jahre älter ist und die in Gedichten dieser Zeit als Laura auftaucht, der „Wollustfunken aus den Augen regnen". Auch von „ineinanderzuckenden Naturen" ist im Hinblick auf die liebe Laura die Rede. Es folgen verheiratete Frauen und Schauspielerinnen, Schiller selbst will eher nicht heiraten. Er sorgt sich darum, wie das denn gehen solle, gleichzeitig verheiratet und Schriftsteller zu sein. Ob man dann nicht alle Leidenschaft auf die Frau projiziere, fragt er einen verheirateten Freund: „Nun, lieber Freund, erlaube mir auch eine kleine Frage. Hast Du alle Deine Leidenschaften auf Deine Frau verpflanzt, oder allenfalls noch einige glimmende Funken für den Künstler zurückbehalten?"

Für Schiller ist klar: Entweder er wird mit 30 verheiratet sein oder nimmermehr. Ebenso klar: „Bei einer ewigen Verbindung, die ich eingehen soll, darf Leidenschaft nicht sein." Als er Charlotte dann heiratet, ist er gerade 31 – seit drei Monaten. Dieses Ziel wird also nur knapp verfehlt – aber was ging ihm voraus! Den Sommer eineinhalb Jahre zuvor verbringt er mit seiner (künftigen) Gattin und ihrer Schwester Caroline in Rudolstadt. Es sind unruhige Zeiten. Die Revolution liegt nicht nur in der Luft, sie bricht sich wild und heftig Bahn. Im Juli stürmt in Frankreich das Volk die Bastille, Umbruchstimmung all überall, das Thema beschäftigt auch Schiller, der sich jedoch im Auge eines ganz anderen Sturmes befindet: Im August verlobt er sich mit Charlotte, im November schreibt er an sie und ihre Schwester einen Liebesbrief, der beiden Damen gilt, die er als „Engel meines Lebens" bezeichnet. Offenbar wähnt er sich mit beiden verlobt, zumindest schreibt er: „Wäret ihr schon mein! Wäre dieses jetzige Erwarten das Erwarten unsrer ewigen Vereinigung!"

Ganz glücklich ist die arme Lotte nicht mit dieser Dreierbeziehung. Sie tut ihm ihre Sorge kund, er liebe sie gar nicht, sondern nur die Schwester und schreibt: „Der Schmerz verfolgt mich wie die Furien dem Orest, und beinahe verbittert er mir mein Leben, wie sie es ihm thaten. Jeder helle Blick der frohen Zukunft ist erloschen vor mir, in solchen Momenten, eng und arm ist meine Seele, und es ist mir als müßte ich mein ganzes Leben so zubringen." Doch dann der Tag der Trauung, natürlich ist auch Caroline dabei – und die Mutter, sonst keine Gäste. Da ist ihr dann doch feierlich zumute, und sie schreibt viel später rückblickend: „Als ich in die stille Dorfkirche hineintrat, schwammen leichte Abendwolken am blauen Himmel, und die Abendsonne übergoß sie mit rötlichem Glanze. An Schillers Hand trat ich in die schmucklose Kirche und legte das Gelübde ab, ihm treu zu bleiben bis in den Tod. Ach, es war nicht das Bild meines Lebens, der Wink der Natur, denn ich leite ihn nicht an der Hand bis ins Abendrot des Lebens … Den Abend brachten wir still und ruhig miteinander in Gesprächen zu beim Tee. So verging der Tag, der so viele Freuden in seinem Gefolge hatte und so viele Schmerzen." Auch Schiller scheint zufrieden zu sein: Vor seiner Hochzeit hatte er noch notiert: „Ich sehne mich nach einer bürgerlichen und

Kerstin Keilholz macht darauf aufmerksam: Die Pforte hinter ihr ist unvollendet.

häuslichen Existenz, und das ist das Einzige, was ich jetzt noch hoffe" (also keine Leidenschaft, die dem Schreiben Konkurrenz sein könnte).

Gut hat er es nun getroffen, der junge Ehemann, der aufschreibt: „Die Veränderung selbst ist so ruhig und unmerklich vor sich gegangen, daß ich selbst darüber erstaunte, weil ich mich bei dem Heirathen immer vor der Hochzeit gefürchtet habe ..." Auch die Abgeschiedenheit, in der die Hochzeit stattfand, sagt ihm zu: „Das Geheimniß ist ganz über meine Erwartung geglückt, und alle Anschläge von Studenten und Professoren, mich zu überraschen, wurden dadurch hintertrieben (...) Ich fühle mich glücklich, und alles überzeugt mich, daß meine Frau es durch mich ist und bleiben wird (...) Was für ein schönes Leben führe ich jetzt! Ich sehe mit fröhlichem Geist um mich her, und mein Herz findet eine immerwährende sanfte Befriedigung außer sich, mein Geist eine so schöne Nahrung und Erholung. Mein Dasein ist in eine harmonische Gleichheit gerückt; nicht leidenschaftlich gespannt, aber ruhig und hell gingen diese Tage dahin."

Die Hochzeit entzweit das Dreiergestirn, Caroline kann ja schlecht bei dem jungen Ehepaar bleiben und muss an die Seite ihres Ehemanns eilen. Schiller schreibt ihr über seine Gattin: „Lolo ist gar lieb, und ich freue mich so oft ich sie sehe, ihres lieben Daseins um mich." Die Ehe war also nicht angetan, ihn durch ihre Leidenschaft abzulenken. Genau so, wie er es wollte. Oder, um im Bild zu bleiben: Die Säulen der Leidenschaft, die immer weiter wachsen wollten, verstand er zu bremsen, indem er heiratete, die Sache damit gewissermaßen begrenzte.

Da blieb genug Feuer, um mit Goethe eifrige Debatten zu führen und seiner jungen Frau den Schlaf zu rauben. Doch das ist eine andere Geschichte, die wir bereits ab Seite 36 erzählt haben.

Eva-Maria Bast

So geht's zur unvollendeten Pforte:

Die Schillerkirche mit der Schönen Pforte steht in Wenigenjena in der Schlippenstraße 32.

Tammy Westerhausen bringt der Frau, der diese Tafel gewidmet ist, Bewunderung entgegen.

14

Gedenktafel

Eine Frau mit kühnen Träumen

Kein Wunder, dass sich Tammy Westerhausen mit Rowena Morse verbunden fühlt! Wenig überraschend, dass die Lehrbeauftragte am Sprachzentrum für Englisch immer, wenn sie in der Universität zum Hörsaal eilt, einen wohlwollenden Blick auf die auf Hochglanz polierte kleine Tafel wirft, auf der steht: *Rowena Morse / * 1872 Ithaka / † 1958 Chicago / promovierte 1904 als erste Frau an der Philosophischen Fakultät der Universität Jena.* Und originell, dass Tammy Westerhausen manchmal Gäste durch Jena führt – im Kostüm der damaligen Zeit, in der die Amerikanerin Rowena Morse lebte, um ihnen dann deren Geschichte zu erzählen. Die Tafel sei so unscheinbar, dass sie fast niemand bemerke, ohnehin könne kaum jemand etwas mit dem Namen Rowena Morse anfangen oder kenne ihre Geschichte, erzählt Westerhausen.

Wenn sie in die Rolle der Rowena schlüpft, muss sie deren amerikanischen Akzent gar nicht nachahmen. Den hat die Stadtführerin von Natur aus, denn sie ist selbst Amerikanerin, wenn sie auch seit 35 Jahren in Deutschland und seit 2004 in Jena lebt. „Rowena Morse ist in Amerika geboren, hat dort studiert und dann Biologie unterrichtet", erzählt sie. „Sie war aber nicht zufrieden als Biologielehrerin – und deshalb hat sie daran gearbeitet, ihre Träume zu verwirklichen." Rowena Morse wollte in Deutschland promoviert werden. „Sie liebte die deutsche Sprache, deshalb ist sie nach Berlin gegangen und hat für die dortige Universität ein Stipendium bekommen, aber zur Promotion hat man sie nicht zugelassen", erzählt Tammy Westerhausen. „Doch dann hat ihr jemand empfohlen, nach Jena zu gehen. Dort gebe es eine exzellente Philosophische Fakultät, die sehr liberal und tolerant sei. Also ist sie hierhergekommen und sie hat total Glück gehabt, weil sie zu Professor Rudolf Eucken kam", erzählt Westerhausen weiter. „Er hat sich bereiterklärt, ihr Doktorvater zu werden. Trotz dieses Unterstützers hatte sie sehr viele Schwierigkeiten, weil bis dahin in Jena noch nie eine Frau zur Promotion zugelassen worden war." Die Universität habe das Verfahren nur unter der Bedingung gestattet, dass sie ihre Prüfungen mit Auszeichnung schaffen müsse. „Und sie hat es geschafft", stellt Tammy Westerhausen zufrieden fest. Nach ihrer Promotion im Jahr 1904 sei Rowena Morse in die USA zurückgekehrt, in den Folgejahren jedoch immer wieder nach Jena gekommen, um hier Gastvorträge zu halten. „Sie war auch politisch sehr interessiert und hat sich für das Frauenwahlrecht stark gemacht", hat Tammy Westerhausen recherchiert.

„Doch trotz dieses Unterstützers hat sie sehr viele Schwierigkeiten gehabt, weil bis dahin nie eine Frau zur Promotion zugelassen worden war."

Gerne hätte sie noch viel mehr über die Amerikanerin erfahren, aber es gebe nur sehr wenige Aufzeichnungen über sie. Doch das hat sie noch herausbekommen: Dass Rowena Morse eine nahe Verwandte von Samuel Morse (1791-1872) war, der den Morse-Code erfand. Die Genialität schien bei den Morses also in der Familie zu liegen. Die Tafel in der Universität wurde übrigens am 2. Juni 2004 angebracht. Die damalige Thüringer Ministerin für Wissenschaft, Forschung und Kunst, Prof. Dr. Dagmar Schipanski, hatte die ehrenvolle Aufgabe, sie zu enthüllen. 2004 lag die Promotion der Rowena Morse hundert Jahre zurück. In einer damals herausgegebenen Pressemitteilung des Thüringer Ministeriums für Wissenschaft, Forschung und Kunst erklärte die Ministerin: „Es war besonders in den Anfängen ein schwerer Weg, den die Frauen bis zur Gleichberechtigung in der Wissenschaft zu gehen hatten. Die Amerikanerin Rowena Morse, die 1904 an der Jenaer Universität mit dem Prädikat ‚magna cum laude' promovierte, hat in Thüringen Pionierarbeit geleistet und war und ist damit beispielgebend für viele andere Frauen." Dieser Ansicht kann sich Tammy Westerhausen nur anschließen!

Gedenktafel für eine starke Frau.

Eva-Maria Bast

So geht's zur Gedenktafel:

Sie hängt im Universitäts-Hauptgebäude, Fürstengraben 1. Die Universität durch den Eingang auf der Südseite betreten, dann gleich linkerhand die Treppe nehmen. Die Tafel befindet sich auf einem Treppenabsatz an der Wand.

Der leidende Christus mit Dornenkrone ist nur zu entdecken, wenn man den Kopf steil in den Nacken legt. Das Gesicht blickt in Richtung Stadtkirche.

15

Christusporträt

Schützender Blick vom Uni-Hauptgebäude

Mit leidendem Gesichtsausdruck und Dornenkrone auf dem Kopf blickt Christus auf die Passanten herab. Doch nur die wenigsten Spaziergänger bemerken die Darstellung in luftiger Höhe. Nicht einmal langjährige Mitarbeiter der Friedrich-Schiller-Universität wussten um das Bildnis an ihrem Arbeitsplatz. Dabei hängt das steinerne Gesicht schon seit über 100 Jahren am Nordwestgiebel des Uni-Hauptgebäudes.

Einer der wenigen Eingeweihten ist Dr. Albrecht Schröter. Der Jenaer Oberbürgermeister kennt das Christusporträt schon seit 20 Jahren. „Ein Bürger hat mich damals darauf aufmerksam gemacht", erzählt der OB, „seitdem frage ich mich, warum das Gesicht dort oben hängt." Das Jenaer Stadtoberhaupt hat sich Gedanken gemacht. „Die Nordwestfassade weist in Richtung Stadtkirche, das könnte ein Grund für das Bildnis an dieser Stelle sein", sagt Schröter, „es könnte aber auch mit den Sinnbildern der vier Hauptfakultäten der Universität zu tun haben." An der nördlichen Hauptfassade sind Allegorien angebracht, die Theologie, Jura, Medizin und Philosophie darstellen. Nach der Einweihung des Uni-Neubaus 1908 befand sich in der Nähe des Giebels mit dem Christusporträt die Theologische Fakultät. Dies bestätigt die Jenaer Kunsthistorikerin Anka Zinserling, die sich eingehend mit den Bauplänen des Hauptgebäudes beschäftigt hat.

Eine inhaltliche Verbindung mit dem übrigen Schmuck am imposanten Bau lässt sich auf den ersten Blick nicht herstellen. An der Nordostfassade prangt eine Darstellung des Vogels Phönix, am Giebel des Archäologischen Museums hängt der einäugige Riese Polyphem aus der griechischen Mythologie. Wer den Haupteingang betreten will, muss zwei wilde Tiere passieren: Links vor dem Portal liegt die vielköpfige Schlange Hydra, rechts bewacht ein steinerner Löwe den Zugang zur Universität. Die Tiere stehen für Klugheit und Weisheit. Viel weiter oben, an der Südfront, liegen sich ein steinerner Jüngling und ein Mädchen gegenüber, beide sind unbekleidet. Zwei Bildhauer schufen diese Reliefs. Adolf Brütt (1855-1939) modellierte die Allegorien der vier Fakultäten und war auch für Polyphem und Phönix zuständig. Von Ludwig Habich (1872-1949) stammen Löwe und Hydra sowie Jüngling und Frau. Für das Christusporträt zeichnet der Stuttgarter Kunstbildhauer Ernst Neumeister verantwortlich. Von ihm stammen außerdem weitere dekorative Elemente am Universitätshauptgebäude, darunter Kapitelle, Schlusssteine und das Turmportal, das mit einem steinernen Schwalbennest verziert ist. Über Ernst Neumeister ist wenig bekannt. Spuren hat er wohl auch in Heilbronn hinterlassen, wo er am Entwurf eines Kriegerdenkmals beteiligt war. Beim Bonatzbau in Tübingen, ehemals Hauptgebäude der Universitätsbibliothek, stammen die Stuckarbeiten in der

Wandelhalle und in den Treppenhäusern ebenfalls von dem Stuttgarter Bildhauer. Und im Münchener Stadtteil Schwabing erschuf Neumeister mit dem Architekten Theodor Fischer im Jahr 1901 die Erlöserkirche. Vielleicht war Fischer so begeistert vom Können des Bildhauers, dass er ihn auch für Jena empfahl. Denn das Jenaer Universitätshauptgebäude ist ein Werk des Münchener Architekten.

Fast zehn Jahre lang wurde um den Neubau am Fürstengraben gerungen. Mit dem Erfolg der Unternehmen von Carl Zeiß (1816-1888), Ernst Abbe (1840-1905) und Otto Schott (1851-1935) wuchs auch die Zahl der Studenten rasant, die alte Universität platzte aus allen Nähten. Eigentlich war für ein neues Haus kein Geld da, doch wohlhabende Bürger sowie die Carl-Zeiss-Stiftung, die Sparkasse, die Kommune und die vier Unterhalterstaaten der Universität (das Großherzogtum Sachsen-Weimar-Eisenach sowie die Herzogtümer Sachsen-Meiningen, Sachsen-Altenburg und Sachsen-Coburg) legten mit großzügigen Spenden den Grundstein für ein imposantes Gebäude, das Kenner zu den bedeutendsten deutschen Hochschulbauten Anfang des 20. Jahrhunderts zählen. Die Bauarbeiten begannen 1905, die feierliche Einweihung fand am 1. August 1908 statt. Für den Neubau musste zuvor das barocke und längst marode Residenzschloss des Großherzogs von Sachsen-Weimar-Eisenach abgerissen werden. Doch der Architekt Theodor Fischer wollte das geschichtsträchtige Schloss nicht einfach zerstören. So verarbeitete er die geschnitzte Eichentür von 1738 im zweiten Obergeschoss und fand auch neue Verwendung

Als Theologe kennt Oberbürgermeister Dr. Albrecht Schröter das Christusporträt am Nordwestgiebel. Doch selbst langjährigen Mitarbeitern der Universität ist das Kunstwerk nicht bekannt.

für eine barocke Stuckdecke sowie für Gipssteinquader. Teile des Collegium Jenense, Gründungsort der Universität Jena, erhielten ebenfalls einen Platz in seinem beeindruckenden Neubau.

All diese Fakten sind Albrecht Schröter, dem Oberbürgermeister, bekannt. „Trotzdem bleibt es ein Geheimnis, was den Bauherrn dazu bewog, ein Christusporträt an der Fassade anzubringen – und was den Bildhauer veranlasste, ihn als Schmerzensmann auszuführen", sagt Schröter. Mit kirchlichen Fragen kennt der Oberbürgermeister sich bestens aus: Er studierte 1974 bis 1980 in Halle Theologie, war dort anschließend wissenschaftlicher Assistent für Ökumenik und Konfessionskunde, arbeitete bis 1997 in einem Jenaer Pfarramt und war bis 2000 Weltanschauungsbeauftragter in Thüringen. Erst dann begann er seine politische Karriere. „Ich habe aber nach wie vor einen Predigtauftrag in der Region, arbeite also ehrenamtlich als Pfarrer", erzählt Schröter. Als evangelischer Christ versteht der Oberbürgermeister sich ohnehin. „Deshalb bedeutet das Christusporträt mir als Gläubigem viel", sagt er. Von seinem Büro aus gelangt er mit wenigen Schritten zum Relief. Er erläutert: „Im 12. Jahrhundert wurde Christus als strahlender König und Sieger über Sünde und Tod gezeigt." In Europa hätten sich daraus in der frühmittelalterlichen Christusfrömmigkeit Bilder von Jesus mit Kruzifix entwickelt. „Im frühen 14. Jahrhundert etablierten sich, ausgehend vom Franziskanerorden, Leidensdarstellungen wie die mit Maria, die den sterbenden Christus trägt", erklärt Schröter, „in diese Reihe passt der Typus von Jena mit der Dornenkrone auf dem Kopf und dem leidenden Gesichtsausdruck. Christus wird nicht als der triumphierende Weltherrscher präsentiert, sondern er kommt den Menschen nahe und stirbt für sie." Der Oberbürgermeister sinniert: „Vielleicht sollte das Porträt am Uni-Giebel an die Schlacht bei Jena und Auerstedt erinnern, die rund 100 Jahre vor Fertigstellung des Unigebäudes stattgefunden hatte und bei der es tausende von Opfern gab, die in der Stadtkirche lagen?" Wie auch immer – der Zufall will es, dass sich heute wieder Beziehungen zwischen dem Christusporträt und

„Unsere Stadt ist gesegnet, sie blüht und gedeiht unter Christus' Schutz."

Von hoch oben blickt der leidende Christus auf die Bevölkerung nieder. Gestaltet wurde das Porträt von dem Bildhauer Ernst Neumeister.

seiner Umgebung herstellen lassen: Direkt gegenüber dem Nordwestgiebel der Universität ist seit den 1990er-Jahren die Theologische Fakultät untergebracht. Nebenan befindet sich eine christliche Buchhandlung. „Auch wenn wir das Geheimnis nicht lüften können, freue ich mich, dass das Kunstwerk in unserer Stadt vorhanden ist", sagt Albrecht Schröter. „Das hat etwas Tröstliches, aber auch Symbolisches: Christus wird zwar von vielen nicht gesehen, ist hier aber trotzdem anwesend. Unsere Stadt ist gesegnet, sie blüht und gedeiht unter seinem Schutz."

Kirsten Schlüter

So geht's zum Christusporträt:

Das Kunstwerk ragt in luftiger Höhe vom Nordwestgiebel des Universitätshauptgebäudes. Wer sich an die Ecke Schlossgasse/Fürstengraben stellt und nach oben blickt, entdeckt den Schmerzensmann.

Christian Hill schaut durch die Steinrinne. Als sie noch in Betrieb war, hätte er das nicht tun können, ohne dabei sehr nass zu werden.

16

Steinrinne

Eine saubere Stadt, aber gefährlich!

„Und in Jene lebt sich‘s bene“, freuten sich im 19. Jahrhundert Jenas Studenten und sangen: „Und die Straßen sind so sauber / Sind sie auch ein wenig krumm / Denn ein Wasser wird gelassen / Alle Wochen durch die Gassen / In der ganzen Stadt herum.“

Auch Christian Hill war einmal Student in Jena, in den 2000er-Jahren hat er Geschichte studiert. Er selbst hat während seiner Jahre an der Uni kein Wasser durch die Gassen gelassen, um die Stadt sauber zu bekommen. Doch es gibt noch etwas, das an jene Zeit erinnert, in der die Studenten das taten: Versteckt in einer Seitengasse liegt, auf einem Sockel, eine große Steinrinne. „Das ist eine der Rinnen, die man in der Stadt verlegt hatte, um die Leutra, die ehemals noch durch die

Stadt hindurchfloss, zu lenken", sagt Christian Hill. Zu jener Zeit sei das Gewässer noch offen durch ganz Jena geleitet worden, zum Beispiel über den heutigen Parkplatz „Eichplatz", auf dem früher auch Häuser der Leutrastraße standen, berichtet der Historiker.

Wenn das Wasser auch die Straßen säuberte, so hatte die Sache doch einen gefährlichen Aspekt: „Am 22. Juni 1725 fiel ein sechsjähriger Knabe in den Leutrabach und wurde durch die Räder der Marktmühle zerquetscht", erzählt Christian Hill die schlimme Geschichte. Knapp zwei Jahre später, am 16. Februar 1727, stürzte der Universitätsglaser Franke in Trunkenheit in den Bach und ertrank.

Die Leutra, sagt der Stadtführer, sei einst ein sehr bedeutender Bach gewesen (siehe Geheimnis 09) und habe viele Mühlen angetrieben, zum Beispiel die Papiermühle. „Jena war in der Frühen Neuzeit neben Leipzig ein wichtiger Ort des Verlagswesens in Mitteldeutschland. Die ehemals wilde Leutra schoss auch in einem tiefen Taleinschnitt an Schillers Garten vorbei und bot einen wildromantischen Anblick." Heute sei der Taleinschnitt aufgefüllt und das Gewässer verrohrt, bedauert er. „Der Fluss ist längst seiner Wasserkraft beraubt." Man hat ihm, wie Hill erzählt, mehrere Quellen abgegraben und sie dem städtischen Wassernetz zugeführt. Und die Teile, die nicht kanalisiert sind, waren im Sommer teilweise ausgetrocknet.

Das war im Jahr 1909 noch ganz anders. Da machten die Quellen von sich reden, als am 25. September ein starker Regen zu einem gewaltigen Hochwasser führte. „Die braunen Fluten hinterließen zwischen Papiermühle und Paraschkenmühle eine etwa 50 Meter breite Wüste aus Kies und Stein", sagt Hill. Doch die Sache mit dem Hochwasser ist eine andere Geschichte, die wir ab Seite 105 erzählen.

Eva-Maria Bast

So geht's zur Steinrinne:

Die Steinrinne befindet sich an der östlichen Seitenwand des Stadtmuseums. Man entdeckt sie, wenn man den Markt an der nordöstlichen Seite in Richtung der Straße „An der Marktmühle" verlässt.

Wie ein Schlüsselloch, nur verkehrt herum: Die Schlüsselscharten in der alten Stadtmauer gehören für Uta Lörzer zu den besonders interessanten Relikten aus vergangenen Tagen.

17

Schlüsselscharten

Für den sicheren Schuss auf den Feind

In der Abenddämmerung fehlt nicht viel zur perfekten Kulisse für einen mittelalterlichen Kostümfilm. Genau hier ging es viele Jahrhunderte darum, die Stadt gegen Feinde zu schützen. „Das erkennt man an den Schießscharten, die sich in der Mauer entdecken lassen", erklärt Uta Lörzer. Es handle sich um „Schlüsselscharten": „Sie sehen aus wie alte Schlüssellöcher, die auf dem Kopf stehen." So konnten die Verteidiger die volle Deckung der durchgehenden Befestigungsmauer nutzen, ohne selbst ins Visier der Feinde zu geraten.

Diese besondere Form der Schießscharten wurde in die damals rund 6,50 Meter hohe Wehranlage eingelassen, weil sie es besonders gut ermöglichten, mit Feuerwaffen gegen Feinde vorzugehen. „Als im 14. Jahrhundert das Schwarzpulver aufkam, gab es schon bald Handbüchsen, mit denen die Bürger ihre Stadt verteidigten. Aber für die brauchte man Scharten, die eine kreisrunde Öffnung für die Büchse hatten", erklärt Uta Lörzer an einem Rest der Stadtmauer. Vor allem so genannte Hakenbüchsen seien in Jena zu jener Zeit eingesetzt worden. „Wenn sie abgefeuert wurden, gab es einen starken Rückstoß, der den Soldaten die Schulter verletzen konnte und das Zielen stark erschwerte. Deshalb befand sich hinter den Schlüsselscharten ein Prellholz mit einer eisernen Öse, an der man die Waffen einhaken konnte."

Natürlich haben die Jenaer Bürger ihre Stadt auch schon in den Jahrhunderten davor verteidigt. „Dafür hatten sie das Recht, Spieße zu tragen und sich mit ihnen zu verteidigen", erklärt die Stadtführerin.

Ende des 15., Anfang des 16. Jahrhunderts war dieser Abschnitt der Stadtbefestigung aus dem harten Kalkstein der unmittelbaren Umgebung hergestellt worden und gehörte zurzweiten Befestigungslinie. Zusammen mit der älteren Stadtmauer schützte sie Jena vor den Feinden. 1625, im Dreißigjährigen Krieg (1618-1648), wurden die Mauern noch einmal in Ordnung gebracht und verstärkt, doch gegen die weiter entwickelten Feuerwaffen und selbst einfache Kanonen konnten sie nichts ausrichten. Deswegen, und weil Jena sich immer weiter ausdehnte und mehr Platz benötigte, wurde die Stadtmauer Mitte des 18. Jahrhunderts allmählich abgetragen. Die Befestigungen hatten weder die kaiserlichen Truppen noch die Schweden davon abgehalten, zu plündern, den Bürgern Verpflegung und Unterkunft für Ross und Reiter abzupressen und hohe Steuern einzutreiben; Gewerbe und Handel lagen komplett danieder.

Zu Beginn des 19. Jahrhunderts standen von der einst so stolzen Jenaer Befestigungsanlage lediglich noch Reste, unter anderem die knapp 50 Meter Mauer zwischen Johannistor und Pulverturm.

Heike Thissen

So geht's zu den Schlüsselscharten:

Sie befinden sich in den letzten Resten der Stadtmauer zwischen Pulverturm und Johannistor am Ende der Johannisstraße.

Warum steht mitten im Wald ein Denkmal für die Gefallenen des Ersten Weltkriegs? Gästeführer André Nawrotzki hat es zufällig entdeckt und zückt nun das Schwert.

18

Denkmäler im Wald

Ehrung für einen schrulligen Professor

André Nawrotzki liebt die Natur. Oft wandert er durch die Wälder rund um Jena, so auch an einem schönen Morgen im Frühling 2013. Nawrotzki staunte nicht schlecht, als er dabei im Metztal gleich zwei Denkmale entdeckte. Sie stehen einige Meter auseinander, versteckt im Dickicht des Waldes. „Vielleicht war das der Beginn einer Denkmalansammlung", vermutet der Jenaer Gästeführer. „Im Mittelalter wurde hier, wie an vielen Hängen rund um Jena, Wein angebaut", erläutert er. Deshalb lassen sich oberhalb des Gasthauses Papiermühle die terrassenartige Struktur des Hanges mit Steinmauern zur Abstützung sowie Reste eines Weinbauernhäuschens mit Gewölbe erkennen. Kleine Trampelpfade führen durch das Metztal. „Möglicherweise wollte man an dieser Stelle an berühmte oder verdiente Bürger Jenas erinnern", sagt Nawrotzki, „aber nach dem zweiten Stein kam irgendetwas dazwischen."

Wer sich durch das Geäst geschlängelt hat, erblickt einen mannshohen Stein, in den in Großbuchstaben das Wort „Schaeffer" eingemeißelt ist. Gemeint ist Hermann Schaeffer (1824-1900), Jenaer Uni-

Nahe dem Kriegerdenkmal steht dieser massive Stein. Wer wie André Nawrotzki genau hinsieht, erkennt die Inschrift „Schaeffer".

versitätsprofessor für Mathematik, Physik und Astronomie. Warum im Wald wohl ausgerechnet an diesen Wissenschaftler erinnert wird? Vielleicht liegt es daran, dass Hermann Schaeffer unter Kollegen, Studenten und Bürgern sehr beliebt war. Ihm wird goldener Humor nachgesagt, es sind viele lustige Anekdoten aus seinem Leben überliefert. Biografen stellen seine Gutmütigkeit heraus, nennen ihn aber auch einen etwas schrulligen Professor. Wenn mit schrullig „unkonventionell" gemeint ist, passt das Prädikat: Hermann Schaeffer war kein klassischer Wissenschaftler. Zwar studierte der gebürtige Weimarer in Jena, Berlin und Leipzig und habilitierte sich 1850 als Physiker in Jena. Doch Schaeffer trug nicht viel zur Forschung bei. Nur ein einziges Buch veröffentlichte er Zeit seines Lebens. Dafür ist die verständliche Verbreitung von Erkenntnissen sein großes Verdienst. Er bemühte sich nicht nur in seinen Vorlesungen um anschaulichen Unterricht, sondern weihte durch öffentliche Vorträge auch Jenas Bürger in die Welt der Wissenschaft ein. Es ging um Telegrafie, Astronomie, Meteorologie und Maschinenkunde. Wenn man so will, eine Vorstufe zur Volkshochschule. Angehenden Lehrern zeigte er, wie sie mit geringen Geldmitteln Experimente durchführen konnten.

Ganz besonders lag Hermann Schaeffer die frühkindliche Bildung am Herzen. Selbst die Kleinsten sollten so früh wie möglich an Naturwissenschaft und Technik herangeführt werden – wie er es zu Hause kennen gelernt hatte. Auf seinem Gabentisch an Weihnachten lagen oft lehrreiche Geräte, die der kleine Hermann gründlich untersuchte. Deshalb spielte Professor Schaeffer auf der Straße mit Jenaer Kindern und erklärte ihnen neue wissenschaftliche Erkenntnisse. In seiner Wohnung schuf er ein Paradies für kleine Bürger, die ihn besuchten. Der Jenaer Historiker Herbert Koch (1886-1982) erinnert sich: „Seine Kinderstube! Was standen da für Sachen und Sächelchen, Apparate und Apparätchen, mit denen man stundenlang spielen durfte und an denen er mich in die verblüffendsten Geheimnisse der Naturgesetze einweihte, belehrend, erklärend, fragend und antwortend, und er war nur für mich da, den kleinen Buben. Und so stimmt alles, was man sich von ihm erzählt, darin überein, dass er ein Menschenfreund im edelsten und besten Sinne gewesen ist".

Seinen Studenten, darunter auch Ernst Abbe (1840-1905), war Hermann Schaeffer ebenso empathisch zugetan. Er tat alles dafür, sein Wissen weiterzugeben. Als einer der Eleven im Krankenhaus lag, besuchte der Professor ihn wöchentlich und hielt nur für ihn seine jeweils aktuelle Vorlesung noch einmal. Und damit die Lernenden im Hörsaal die Zusammenhänge seiner Experimente besser begreifen konnten, erfand der Professor knapp 3000 Apparate, viele davon aus Glas oder mit beweglichen Teilen versehen. So wurde Wissenschaft im wahrsten Sinne des Wortes durchsichtig. Dafür besuchte er häufig die Glasbläser im Thüringer Wald, schulte sie und bestellte anschließend bei ihnen seine Instrumente. Ganz nebenbei schuf Schaeffer damit einen neuen Industriezweig, den Glasapparatebau in Thüringen.

„Warum steht mitten im Wald ein Kriegerdenkmal?“

Hermann Schaeffer lebte und lehrte ein halbes Jahrhundert lang in Jena. Er mochte die Stadt und war hier sehr beliebt. Zu seinem 70. Geburtstag erhielt er 350 Glückwunschkarten und 132 Telegramme von Kollegen, aber auch aus der Bevölkerung. Im Jahr 1900 starb er. Gut sichtbar verehrt wird Schaeffer am Pulverturm: Sein Gedenkstein bildet den Abschluss der „Via Triumphalis" am Fürstengraben, wo an wichtige Männer der Universität erinnert wird. Ein verstecktes Gedenken dagegen findet im Metztal statt. Der Stein im Wald mag ebenfalls eine Anerkennung für den gutmütigen Professor sein.

André Nawrotzki löst seinen Blick vom Schaeffer-Stein, biegt ein paar Zweige beiseite und klettert den Hang im Wald weiter hoch. Hier stößt er auf einen weiteren Trampelpfad, der nach ein paar Schritten zu einem noch erstaunlicheren Geheimnis führt: Fast wie ein Altar mutet das zweite Denkmal im Metztal an. Drei steinerne Treppenstufen führen hinauf zu einer Fläche, die von einer halbrunden Mauer eingeschlossen wird. Auf diesem Vorsprung steht ein

Dieses Ehrenmal für die Gefallenen von 1914 bis 1918 ist nur schwer zu finden. Es ist wie eine richtige Gedenk-Anlage im Metztal gebaut.

Stein auf einer Art Podest. Am Sockel des Denkmals ist mühsam die Inschrift *Unseren Gefallenen 1914 bis 1918* zu entziffern, das Ehrenmal selbst ziert ein großes Schwert. Die Anlage ist mit Moos überzogen, dem Vergessen anheimgefallen. Dabei soll hier doch gerade Erinnerung stattfinden! André Nawrotzki ist ratlos. „Warum steht mitten im Wald ein Kriegerdenkmal für Gefallene des Ersten Weltkriegs?“, fragt er sich. „Und was hat das mit Professor Schaeffer zu tun?“ Noch einen dritten geheimnisvollen Ort hat der Jenaer im Wald gefunden: Ein Areal unweit der beiden Denkmäler mutet so an, als sei hier das Aufstellen eines weiteren Steins geplant gewesen. Vielleicht wird der Gästeführer die Antwort darauf niemals finden. Aber der Aufstieg zu den beiden Steinen lohnt sich in jedem Fall. Von hier oben bietet sich ein großartiger Blick auf Jenas Innenstadt und ins Mühltal.

Kirsten Schlüter

So geht's zu den Denkmälern im Wald:

Stadtauswärts in Richtung Mühltal führt die Erfurter Straße. An der Abzweigung zum Cospedaer Grund geht es rechts ab, am Gasthof Papiermühle vorbei und geradeaus in den Wald hinein. Der Fußweg führt an einer Treppe vorbei links den Hang hinauf. Es erfordert ein bisschen Kraxelei, um zu den Denkmälern zu gelangen. In der Nähe befindet sich die Adresse Im Metztal 10.

Für Kerstin Keilholz ist dieses Kreuz auf der Camsdorfer Brücke ein ganz besonderes.

19

Steinkreuz

Die Schweden konnten ihm nichts anhaben

„Dieses Kreuz", sagt Kerstin Keilholz nachdenklich, als sie auf der Camsdorfer Brücke steht und auf die Saale hinabblickt, den Fluss, der Jena von Camsdorf und Wenigenjena trennt, „bedeutet so viel." Fast schon ehrfürchtig berührt sie das helle Steinobjekt, das mitten auf der Brücke steht. Zwar ist es nur eine Replik, das Original hat eine bewegte Geschichte hinter sich und wurde deshalb sicherheitshalber ins Stadtmuseum gebracht. Aber das, findet Kerstin Keilholz, könne dem Kreuz nichts von seinem Zauber nehmen. Und dem Ort nichts von seiner Bedeutung.

„Seit dem 15. Jahrhundert steht an dieser Stelle ein Kreuz", erzählt die Jenenserin, die sich als Gästeführerin ausführlich mit ihrer Heimat beschäftigt hat. „Aber es ist kein christliches, sondern ein Grenzkreuz." Erstmals erwähnt wurde es am 6. Juni 1480, als Jena von Herzog

Wilhelm III. (1425-1482) die hohe und die niedere Gerichtsbarkeit übertragen bekam (siehe Geheimnis 33). Und wenn eine Stadt eine Gerichtsbarkeit erhält, also über Delinquenten richten darf, muss klar geregelt sein, bis wohin dieser Rechtsbezirk gilt. Schaffte es der Delinquent über die Grenze, hatte die Stadt keinen Zugriff mehr, weil er sich nun eben außerhalb der rechtlichen Zuständigkeit befand.

Das in Stein gemeißelte Kreuz markierte die korrekte Position der Grenze.

Da brauchte es klare Grenzen, und das Kreuz markierte, zusammen mit weiteren Steinkreuzen, eine davon. „Bis hier reichte der Stadtbezirk Jena, dann kam Camsdorf, das im Jahr 1909 mit Wenigenjena nach Jena eingemeindet wurde", erklärt Kerstin Keilholz.

Das Steinobjekt hatte noch eine andere Bedeutung: Es zeigte auch die Grenze zwischen der Markgrafschaft Meißen und der Landgrafschaft Thüringen, die in der Mitte der Saale verlief. Auch kirchenpolitisch war das Kreuz von Bedeutung, bildete es doch die Grenze zwischen dem Bistum Naumburg und der Erzdiözese Mainz. „In den Chroniken von Camsdorf und Jena kann man auch nachlesen, dass dieses Kreuz der Ausgangspunkt von Flurzügen war, die seit dem späten Mittelalter abgehalten worden sind und bei denen die Grenzen kontrolliert wurden", sagt Kerstin Keilholz. „Da ist man die Dorfgrenzen entlanggegangen und hat zu bestimmten Zeitpunkten die Grenzsteine nachgeprüft, ob die auch fest sitzen und an der richtigen Stelle stehen."

Als die Schweden 1637 Teile der Brücke sprengten (siehe Geheimnis 06), konnte das dem Kreuz nichts anhaben, fest und sicher blieb es über der Mitte der Saale stehen. Doch gut hundert Jahre später geriet es ins Wackeln, man fürchtete gar, es könne in den Fluss stürzen.

„Man hat es dann noch einmal besser befestigt", sagt Kerstin Keilholz, „und dann hat es auch wirklich 86 Jahre ganz gut gehalten." Bis ins Jahr 1842. Da „stürzten ‚böswillige Leute' das Kreuz in die Saale." Das Steinkreuz blieb für rund 150 Jahre verschwunden und tauchte 1995 wieder auf. Die Ost-Thüringer Zeitung schrieb: „Offenbar unbemerkt wurde es 1912 im Zuge des Neubaus von Bahndamm und Brücke beim Kiesabbau aus dem Fluss gebaggert und in die Schüttmassen mit einplaniert." Bei Schachtarbeiten am Bahndamm sei es später wiedergefunden und durch den damaligen Polier Heyne aus Neuengönna sichergestellt worden.

„Da ist man die Dorfgrenzen entlanggegangen und hat zu bestimmten Zeitpunkten die Grenzsteine nachgeprüft, ob die auch fest sitzen und an der richtigen Stelle stehen."

Damit dem Originalkreuz das gleiche Schicksal nicht noch einmal blühen konnte, wurde es ins Stadtmuseum gebracht und dort sicher verwahrt. Auf der Brücke wurde eine Replik angebracht. Ein paar Meter weiter nördlich, an der „Bastion", ist allerdings noch ein weiteres, in den Stein geritztes Kreuz auszumachen. „Das befand sich an der alten Brücke unter der Steinkreuzskulptur", sagt Keilholz, „gewissermaßen als Sicherung, falls dem großen Kreuz mal etwas passieren sollte – damit man die Position der Grenze dann trotzdem noch bestimmen konnte."

Da kann man nur sagen, dass die, die das Kreuz damals in Stein meißelten, in weiser Voraussicht handelten!

Eva-Maria Bast

So geht's zum Steinkreuz:

Das Steinkreuz befindet sich auf der Camsdorfer Brücke. Diese verbindet Jena mit Wenigenjena. Man erreicht sie von Osten über das Camsdorfer Ufer und das Wenigenjenaer Ufer und von Westen über die Straße „Am Saaleufer".

Die Lohgerber zu Jena
Unterlg. 5

Mosaik

Ein Fluss für alle Felle

Das sieht nach Arbeit aus! Ganz links rührt ein Mann, der eine rote Mütze trägt, mit einem langen Stab in einer Flüssigkeit. Daneben steht ein weiterer Mann, der einen braunen Stoff knetet. Zwar schaut auch er etwas angestrengt drein, aber immerhin versüßt er sich die Arbeit mit einer Pfeife, die ihm im Mundwinkel hängt. Ein weiterer ist zu sehen, der mit einem Messer ein Stück Stoff oder Leder zerteilt, und durch die geöffnete Tür sieht man jemanden, der eine Stoffbahn oder etwas Ähnliches in den Fluss hält. Wo sich das alles abspielt, darüber wird der Leser auf einem Schild, das Teil des Mosaiks ist, informiert: *Die Lohgerber zu Jena.* Damit ist klar – es handelt sich nicht um Stoffe, sondern um Leder und Felle.

Dargestellt ist diese Szene auf einem Mosaik über der Tür in der Unterlauengasse 5. Und dieser Platz kommt nicht von ungefähr: „Unweit der Gasse verlief früher ein Seitenarm der Saale", erzählt Günter Herzog. „Und etwas weiter nördlich befand sich die Lache, unmittelbar an der Gerbergasse, in der die Gerber wohnten, ihre Leder gegerbt und gereinigt haben."

Das Mosaik sei zu DDR-Zeiten in Erinnerung an dieses alte Handwerk angebracht worden. „Gerber gab es in Jena schon ziemlich früh, ab etwa 1400", sagt der Stadtkenner. Viele seien jedoch im Laufe der Reformation vertrieben worden. „Einige Handwerker wollten sich nicht reformieren lassen, also katholisch bleiben", erklärt der Stadtführer, „das war ohnehin aus wirtschaftlicher Sicht keine einfache Zeit für Jena." Zum Beispiel wurde auch der Bau der Stadtkirche in dieser Zeit gestoppt und erst nach etwa 30 Jahren fortgesetzt. „In dieser Zeit lag die Wirtschaft am Boden", resümiert Günter Herzog. „Doch dann wuchs die 1558 gegründete Universität, immer mehr Studenten kamen in die Stadt und wollten natürlich konsumieren", erklärt er. Der Kirchenbau wurde wieder aufgenom-

Günter Herzog vor dem Mosaik in der Unterlauengasse 5.

men, die verschiedenen Gewerbe und eben auch das des Lohgerbers erhielten wieder Aufschwung.

Eine wichtige Einkommensquelle sei auch die Waidfärberei gewesen. „Man hat in Jena viel Waid angebaut, das war das Färbemittel für blaue Stoffe", erklärt Herzog. Seit dem 9. Jahrhundert baute man Färberwaid in Deutschland vor allem in Thüringen an. Nach der Ernte wurden die Waidblätter gereinigt, getrocknet und gemahlen. In der Waidmühle befand sich ein Mühlrad, das von Zugtieren gedreht wurde. Es entstand eine breiartige Masse, die Frauen und Kinder zu faustgroßen Bällen formten. Zwei bis drei Tage lang wurden die Kugeln getrocknet und dann auf dem Markt verkauft oder weiterverarbeitet.

Auf diesen Farbstoff geht übrigens die Redewendung „Blau machen" zurück: Für die Weiterverarbeitung reichte es keineswegs, die getrocknete Pflanze mit dem zu färbenden Stoff ins Wasser zu legen – denn der Farbstoff ist nicht wasserlöslich. Um einen blauen Stoff zu erhalten, brauchte es noch weitere Zutaten: Sonne, Alkohol und Zeit. Klingt recht idyllisch und ein wenig nach Urlaub – aber nun wird es unappetitlich: Urin war auch noch nötig. Und zwar am besten der von Betrunkenen. Der genaue chemische Ablauf war im Mittelalter nicht bekannt, aber man wusste, dass man für die Gärung Sonne braucht und dass man mehr Farbstoff gewinnt, wenn Alkohol zugegeben wird. Allerdings kippte man sel-bigen nicht direkt in die Brühe, das hätte die Waidfarbe verteuert. Der Alkohol wurde über einen Umweg zugeführt: „In den alten Rezepten ist vermerkt, dass die Farbe besonders gut wird mit dem Urin von Männern, die viel Alkohol getrunken haben", sagt Herzog. Dieser spezielle Urin sei durch den Alkoholkonsum der Färber selbst gewonnen worden. Es gibt auch Quellen, die davon berichten, dass man den Urin der Männer vor Gaststätten gesammelt habe.

Das Mosaik zeigt die Gerber bei ihrer anstrengenden Arbeit.

Blau wurden die Stoffe in ihrem Bottich aber immer noch nicht. Zu diesem Zeitpunkt des Prozesses hatten sie nur die unappetitliche Farbe der Brühe. Die blaue Farbe, erzählt Herzog, entstand erst, wenn die Stoffe nach dem Färben im Sonnenlicht hingen und die Sauerstoffzufuhr einen Oxidationsprozess in Gang setzte. Abgesehen vom Gestank hatte das Blaufärben durchaus seine Vorteile. Die Färber arbeiteten im Freien, bei schönem Wetter, und es gab reichlich zu trinken. Sie lagen also in der Sonne, wo sie darauf warteten, dass diese ihren Dienst verrichtete. Sie waren blau und machten blau. „Blaumachen war sehr bekannt in der Gegend", schmunzelt Günter Herzog, „die Gaststätten hier und auch das ‚Haus im Sack' um die Ecke haben Urin für die Färber gesammelt und verkauft."

„Blaumachen war sehr bekannt in der Gegend."

Die Färberei dürfte trotz des Sonnenbades beim Blaumachen ähnlich unangenehm und anstrengend gewesen sein wie die Arbeit der Gerber. „Man kann auf dem Mosaik auch sehen, wie ein Gerber mit dem Schabemesser die Fleischbestände aus dem Fell schabt", zeigt Günter Herzog. „Dann wird das Fell wieder gereinigt – und zum Reinigen ging man dann eben an die Lache, die hier drüben hinterm Haus entlang lief." Deshalb ist der Fluss auf dem Mosaik auch hinter einer Tür zu sehen.

Und noch ein Sprichwort lässt sich an dieser Geschichte erzählen: „Pass auf, dass dir die Felle nicht davon schwimmen." Denn wenn der Gerber das Lederstück nicht gut festhielt, konnte ihm selbiges schon mal fortgerissen werden. Das „Haus im Sack" (siehe Geheimnis 01) spielte übrigens nicht nur fürs Urinsammeln eine Rolle: Es gehörte einem Gerber und war mit Darrböden und Laubengängen ausgestattet, in denen die Felle zum Trocknen aufgehängt wurden. Zumindest die, die nicht davon geschwommen sind.

Eva-Maria Bast

So geht's zum Mosaik:

Es hängt über dem Eingang des Hauses in der Unterlauengasse 5.

Sommerlinde

Standhafter Zeitzeuge der Jenaer Klassik

Wenn dieser Baum doch nur reden könnte, was hätte er nicht alles zu erzählen! Doch die Sommerlinde neben dem Prinzessinnenschlösschen im Griesbach'schen Garten schweigt natürlich beharrlich. Da kann man noch so lange auf den Sitzbänken verweilen und dem Wind in den Blättern lauschen. „Hier saßen sie alle, die großen Denker der Jenaer klassischen Zeit", erklärt Sabine Weiß mit Blick auf den Baum, der seinem Namen leider nicht mehr allzu viel Ehre macht. Eigentlich handelt es sich nur noch um einen Torso, denn von dem einst so stolzen Naturdenkmal sind nur noch ein hohler, verkohlter Stamm übrig und ein paar Zweige, die sich nicht unterkriegen lassen und jedes Jahr aufs Neue Blätter austreiben.

„Diese Sommerlinde gehört zu den ältesten Bäumen in der Stadt", erzählt die Stadtführerin. Schon damals, als Hausherr Johann Jakob Griesbach (1745-1812) mit seiner Familie das Gebäude nebenan bewohnte, den ersten englischen Landschaftsgarten der Stadt anlegen ließ und eine illustre Schar an Gästen um sich versammelte, war sie mehr als 100 Jahre alt. Das legt ein Kupferstich des Jenaer Künstlers Christian Ludwig Heß (1776-1853) aus jener Zeit nahe, der den prachtvollen Baum neben dem Gebäude zeigt und deutlich erkennen lässt, dass er das zweistöckige Haus bei Weitem überragt. Wie idyllisch muss es dort gewesen sein!

„Hier saßen sie alle, die großen Denker der Jenaer klassischen Zeit."

Da saßen der Dichter und Philosoph Friedrich Schiller mit seiner Frau Charlotte, sein Freund Johann Wolfgang von Goethe, der Naturforscher und Entdecker Alexander von Humboldt mit seinem Bruder, dem Staatsmann und Bildungsreformer Wilhelm von Humboldt, und viele andere, die sich zu jener Zeit in der Stadt aufhielten. Was Rang und Namen hatte, versammelte sich im Haus, im Garten und unter der

Sabine Weiß genießt eine kurze Pause unter der Sommerlinde. Zeit, auch darüber nachzudenken, wie schön es wäre, wenn sie Gesellschaft hätte von all den Großen der Jenaer klassischen Zeit, die hier im 18. Jahrhundert saßen.

Der Baum ist stark mitgenommen, lässt sich aber nicht unterkriegen: Jedes Frühjahr treibt er Blätter aus.

Sommerlinde. Schuld daran war unter anderem Goethe: Der Geheime Rat verpflichtete gezielt bedeutende Denker und Forscher in das kleine Provinzherzogtum Jena und schuf ihnen mit diversen Bibliotheken, dem Botanischen Garten, verschiedenen Archiven und Laboratorien ideale Arbeitsbedingungen. „Um 1800 waren viele Geistesgrößen hier in Jena, die in einem Netzwerk miteinander verbunden waren. Die einen lehrten an der Universität, die anderen saßen in ihren Vorlesungen. Das kann man sich heute so gar nicht mehr vorstellen", sagt Sabine Weiß.

Wie alt die Sommerlinde ist, lässt sich nicht genau bestimmen. Der Stammumfang von fast vier Metern legt nahe, dass es mehr als 350 Jahre sind, die sie schon an Ort und Stelle steht. Stattlich und beeindruckend wie zu ihren besten Zeiten sieht sie zwar nicht mehr aus. Doch weder die Jahrhunderte noch zwei Weltkriege oder der Klimawandel konnten ihr endgültig den Garaus machen. Selbst als Unbekannte 2009 versuchten, dem Baum mit einem Feuer den letzten Rest zu geben, blieb die Linde standhaft und am Leben. Trotzdem spazieren die meisten Studenten auf dem Weg von der Universitätsbibliothek zur Mensa im Philosophenweg an dem Baum vorbei, ohne ihn eines Blickes zu würdigen. Dabei würde es vielleicht gar nicht schaden, einmal zu seinen Füßen Platz zu nehmen und sich der Ausstrahlung des ehemaligen Baumriesen hinzugeben.

Heike Thissen

So geht's zur Sommerlinde:

Sie steht links neben dem Prinzessinnenschlösschen im Griesbach'schen Garten, der auch Prinzessinnengarten heißt. Dieser befindet sich direkt neben dem Zeiss-Planetarium, die Adresse lautet Am Planetarium 7.

Diente einst der Orientierung: der Meridianstein.

22

Meridianstein

Orientierung auf dem Weg zu den Sternen

Was für ein lauschiges Fleckchen Erde! Wer in das Schillergäßchen einbiegt, fühlt sich wie in einer anderen Welt. Es scheint, als sei hier die Zeit stehengeblieben. Und wenn man dann noch Schillers Garten betritt, ist man endgültig verzaubert. Wer eine Weile darin herumwandert, entdeckt vielleicht einen merkwürdig aussehenden Stein: Er ist etwa einen Meter hoch und mit einem schwarz-weißen Rautenmuster verziert. „Das ist ein Meridianstein, ein historischer Peilstein", sagt Christian Hill. Früher stand der Findling aber ganz woanders: „Der originäre Standort war auf dem Mönchsberg, oberhalb von Göschwitz, das ist fünf Kilometer entfernt und genau südlich", erklärt der Historiker.

Welchen Zweck hatte der Stein dort oben? „Man hat den Meridianstein zur Ausrichtung von Teleskopen angepeilt, um die Himmelsrichtung genau bestimmen zu können", sagt Hill. Zur damaligen Zeit existierten keine Sternkarten. So konnten präzise Himmelsrichtungen nur mit recht aufwändigen Messungen ermittelt werden. Hatte man aber einmal die Richtungen genau bestimmt, dann markierte man sie mit Hilfe von solchen Peilsteinen in einigen Kilometern Entfernung. „Der Meridianstein gehörte zu der Sternwarte, die hier einmal stand", erläutert Christian Hill. Dies ist Herzog Carl August von Sachsen-Weimar-Eisenach (1757-1828) zu verdanken. Und Johann Wolfgang von Goethe (1749-1832), der 1811 auf der Suche nach einem geeigneten Ort für ein Observatorium schrieb: „Man musste sich vielmehr nach einem Platz umsehen, auf ebener Erde und über Steingrund gelegen, um sichere Fundamente zu erhalten; von ziemlich freier Aussicht nach den meisten Himmelsgegenden, von ganz freier aber nach wenigstens einer Seite des Meridians zur Aufstellung eines hinlänglich weit entfernten Mittagszeichens ...".

1813 war es dann so weit: Die Sternwarte wurde errichtet. Südlich des Schillergartens wurde 1889 unter Ernst Abbe (1840-1905) ein neues Observatorium gebaut, das über ein Meridianzimmer verfügte. In der Decke dieses Zimmers befand sich ein Schlitz, der von Norden nach Süden führte und den Blick in den Himmel freigab. Durch dieses Gesichtsfeld konnten die Sternendurchgänge – also die Passage von Sternen – durch den Meridian beobachtet werden.

„Die Astronomen konnten so die Uhrzeit feststellen", sagt Christian Hill. Und Autorin Sabine Goldhahn schreibt: „Denn bis 1920 waren sie verantwortlich, dass die Jenaer Uhren richtig tickten – bis zum Empfang des Nauener Zeitzeichens, als die Moderne auch vor Jena nicht Halt machte. Seitdem werden die Uhren zentral gestellt."

Doch dass sich die Menschen an den Sternen orientieren – wenn auch eher selten hinsichtlich der Uhrzeit – das ist bis heute so geblieben.

Eva-Maria Bast

So geht's zum Meridianstein:

Er steht im Garten der Friedrich-Schiller-Universität Jena, Astrophysikalisches Institut und Universitäts-Sternwarte, Schillergässchen 2.

Museumsleiter Dr. Ulf Häder interessiert sich für Emil Dorovius, über dessen Leben und Werk bisher nicht viel bekannt ist.

23

Konstruktion Dorovius

Ein hochfliegender Geist

Der Ort, an dem Emil Dorovius (1839-1919) seine letzte Ruhe fand, ist nicht zufällig gewählt. Nur wenige Schritte von Krematorium und Feierhalle entfernt steht auf dem Nordfriedhof das Grabdenkmal des Mannes, der die heutige Bestattungskultur mit geprägt hat. Viel ist über Dorovius nicht bekannt. Dr. Ulf Häder, Leiter der Städtischen Museen in Jena, hat einige Daten über den geheimnisvollen Mann zusammengetragen. Er erklärt: „Emil Dorovius förderte die Bewegung für Feuerbestattungen. Als Ingenieur war er auch am Bau des Jenaer Krematoriums beteiligt.“

Sein ungewöhnlicher Grabstein im Urnenhain I ist ein symbolisches Denkmal: ein Obelisk mit einem Adler an der Spitze, an dem die Flammen aus zwei Fackeln züngeln. „Der Adler steht für Stärke und für einen hochfliegenden Geist“, erklärt Ulf Häder. Schon in der griechischen Mythologie wird das Tier dem mächtigen Gott Zeus zugeordnet. Im christlichen Kontext symbolisiert der Vogel auch die Himmelfahrt Christi. Besonders bekannt ist der Adler als Zeichen des Evangelisten Johannes, dessen Verkündigung als die intellektuell anspruchsvollste, also geistig ‚hochfliegende' gelte, sagt Ulf Häder. So dürfte der Vogel beim Grabmal auf dem Jenaer Nordfriedhof einerseits als eine Charakterisierung von Emil Dorovius als geistige Größe zu verstehen sein; andererseits verdeutlichen der Standort des Steins und die züngelnden Flammen, denen sich der sterbende Adler hingibt, den Lebensinhalt des Ingenieurs.

Das Denkmal für Emil Dorovius spricht für sich: Der sterbende Adler gibt sich den Flammen hin.

Mit seinem Wirken für die Feuerbestattung trug Emil Dorovius dazu bei, dass die Friedhöfe in Europa entlastet und Epidemien eingedämmt werden konnten. Denn die Verbrennung von Leichen war über Jahrtausende aus christlichen Gründen verboten, die Friedhöfe platzten aus allen Nähten. Auch in Jena wurden die Flächen knapp. 1876 kaufte die Stadt erste Grundstücke des heutigen Nordfriedhofs, der ab 1898 den alten, überfüllten Johannisfriedhof am Philosophenweg (früherer Eingang von der Wagnergasse) ablöste. Es gab aber noch andere Probleme mit der Erdbestattung, wie Ulf Häder weiß: „Im 19. Jahrhundert schrieben Gelehrte Abhandlungen darüber, welche Gifte bei der Zersetzung toter Körper entstehen und welche Gefährdungen für das Grundwasser davon ausgehen“, erklärt er. „So genanntes Leichengift stellt bis heute eine Herausforderung für die Anlage von Friedhöfen dar, auch für die Grüngestaltung, da Bäume dadurch leicht absterben. Das entscheidende Problem an der Erdbestattung sah man aber in einer Zeit des rasanten

Bevölkerungswachstums im Platzbedarf. Es musste einfach nach Alternativen gesucht werden."

Nachdem Jakob Grimm 1849 einen Vortrag über die Geschichte der Leichenverbrennung veröffentlicht hatte, bildeten sich in ganz Europa Vereine, die die Einäscherung vorantreiben wollten. In Jena entstand solch ein „Verein für Feuerbestattung" im Jahr 1894, Emil Dorovius wurde 1903 Vorstandsmitglied und später Ehrenvorsitzender. Die Kirchen – katholisch wie evangelisch – waren jedoch zunächst strikt gegen die Einäscherung, denn der Glaube an die Auferstehung war nach damaliger Auffassung nicht mit einer Verbrennung der sterblichen Überreste vereinbar. Erst im Verlauf des 20. Jahrhunderts änderte sich dieses Verständnis allmählich. Die katholische Kirche hob in den 1960er-Jahren das ausdrückliche Verbot von Feuerbestattungen für ihre Gläubigen auf. Heute wird die Einäscherung nicht nur aus weltanschaulichen Gründen bevorzugt, sondern sie ist auch kostengünstiger und die Grabpflege weniger aufwändig.

Zwar wurde die Feuerbestattung im 19. Jahrhundert von nicht christlichen Gruppen vorangetrieben, doch in den protestantisch geprägten Regionen erhielten die Anhänger dieser Bewegung von Beginn an breiteren Zuspruch. In Jena sorgte neben anderen Freidenkern der Zoologe Ernst Haeckel (1834-1919) mit seiner monistischen Philosophie dafür, dass vergleichsweise viele Bürger die Feuerbestattung akzeptierten. Seine These, wonach sich einfache Lebensformen unabhängig von einem Schöpfergott aus anorganischer Materie entwickeln konnten, war der Bewegung sicher förderlich. 1898 entstand in Jena das zweite Krematorium Thüringens, das fünfte in Deutschland. In Gotha war 20 Jahre zuvor die erste Anlage gebaut worden. Übrigens stand das Jenaer Krematorium zunächst zwei Meter von der Feierhalle entfernt; die Kirche hatte die bauliche Trennung verlangt. Erst 1910 wurden Feuerbestattungsanlage und Halle miteinander verbunden.

Am 1897 begonnenen Bau der Jenaer Anlage war Emil Dorovius als Ingenieur für Feuerungstechnik ebenso beteiligt wie an den technischen Modernisierungen von 1908 und 1912. Hier und an mehreren anderen Orten zeichnete er für die Konstruktion von Verbrennungsanlagen in den Krematorien verantwortlich. Als ausgewiesener Spezialist seines Faches verbesserte er bestehende Anlagen in Heidelberg und Gotha; in den Unterlagen taucht explizit die Bezeichnung „Konstruktion Dorovius“ auf. Laut Ulf Häder wirkte der Ingenieur auch beim Bau der Apparate in Mainz, Heilbronn, Bremen und Stuttgart mit, genauso in Norwegen und möglicherweise im heutigen Tschechien. „Solche Verbrennungsanlagen sind technisch kompliziert“, erklärt der Museumsleiter. „Manche Körperteile verbrennen langsamer als andere und man musste natürlich auch sicherstellen, dass die Asche am Ende sauber separiert und in eine Urne abgefüllt werden konnte. Außerdem hat man von Beginn an auf den Verbrauch von Brennstoffen geachtet.“ Emil Dorovius hatte an diesen Entwicklungen offenbar maßgeblichen Anteil. Und die Feuerbestattungsbewegung fand Anklang: „Von 1898 bis 1929 gab es hier 11.621 Einäscherungen, die Zahl stieg kontinuierlich“, fand Ulf Häder heraus. Das Erstaunliche in Jena war, dass sich bald eine Mehrheit für die Einäscherung entschied. Die Stadt stellte damit einen Sonderfall im Deutschen Reich dar.

Geheimnisvoll bleibt die Frage, warum Emil Dorovius sich ausgerechnet in Jena einäschern ließ. „Er muss eine besondere Beziehung zu dieser Stadt gehabt haben. Das hängt sicherlich auch mit dem Bau des Krematoriums und seinem Engagement im hiesigen Verein für Feuerbestattung zusammen. Dabei ist derzeit noch nicht klar, wann und wie lange der Ingenieur überhaupt in Jena gelebt hat“, sagt Ulf Häder. Denn Dorovius wurde wahrscheinlich 1839 in Rothenburg an der Oder geboren, könnte zeitweilig in Wien und Graz gelebt haben und starb 1919 in Gallneukirchen (Österreich). „Das aufwändig gestaltete Grabmal lässt darauf schließen, dass Jena ihm einiges zu verdanken hat“, meint der Museumsleiter. Sicherlich gehörten dazu ein technisch modernes Krematorium und eine ungewöhnlich weit reichende Akzeptanz der Feuerbestattung. Dorovius‘ steinernes Grabmonument steht dafür als Symbol.

Kirsten Schlüter

So geht’s zur Konstruktion Dorovius:

Das Grabmal für den Ingenieur Emil Dorovius steht links von der Feierhalle im Urnenhain I des Nordfriedhofs am Hufelandweg 4.

Rote Sandsteinquader in der Außenfassade der St.-Michaels-Kirche (Bildmitte) erinnern daran, dass es hier einst einen Zugang in sechs Metern Höhe gab.

24

Vermauerter Zugang

Auf dem kürzesten Weg zur Beichte

Alles, was heute vom ehemaligen Kloster der Jenaer Zisterzienserinnen geblieben ist, sind ein paar rote Sandsteinquader auf ungefähr sechs Metern Höhe in der Außenfassade der Stadtkirche St. Michael. Man muss deren Nordwand schon genau betrachten, um sie zu entdecken. Und man muss bei jemandem wie Uta Lörzer nachfragen, um ihren Sinn zu verstehen. Die Vorsitzende des Jenaer Gästeführervereins hat sich ausführlich mit dem Gotteshaus beschäftigt und weiß, was es damit auf sich hat. „Was man dort oben sieht, ist ein ehemaliger Zugang vom Kloster zur Kirche, der zugemauert wurde", erklärt sie. Während also auf der imposanten Südseite so prächtige Zugänge wie das Braut- oder das Gerichtsportal zum Eintreten einladen, ist dieser seit Jahrhunderten verschlossen.

„St. Michael war die Stadtpfarrkirche und wurde vom Kloster mitgenutzt", geht die Kirchenführerin ins 14. Jahrhundert und damit weit in der Geschichte des Baus zurück. Die beeindruckende Schaufassade mit den ausgeschmückten Portalen habe in Richtung Stadt und zu den Gläubigen gezeigt. Die einfachere Nordfassade zeigte hingegen in Richtung des Zisterzienserinnen-Klosters und seiner Nonnen. „Wie man an der vermauerten Tür dort oben erkennen kann, konnten diese Frauen ihr Gotteshaus gar nicht so einfach betreten", fährt Uta Lörzer fort. Denselben Eingang zu verwenden wie das Volk kam überhaupt nicht in Frage, dazu lebten die Zisterzienserinnen viel zu zurückgezogen und abgeschieden von der Außenwelt. Also gab es einen überdachten Gang auf der Rückseite der Kirche, der an dem heute vermauerten Zugang in luftiger Höhe und an einer Tür zu ihrer Empore endete. Von hier gelangten die Schwestern unbehelligt hinein und nutzten den Balkon und den Beichterker im nördlichen Seitenschiff. Dort oben beteten sie streng getrennt von den Laien und verfolgten die Messfeiern mit. Sie waren nur 25 Meter vom Hochaltar entfernt und konnten die in der Messe erhobene Hostie sehen und die liturgischen Gesänge hören.

Auf der Innenseite des vermauerten Zugangs befindet sich noch heute der Beichterker. Auch die Nonnenempore ist erhalten.

Der Historiker Enno Bünz schreibt über die Jenaer Ordensschwestern: „Die Nonnen lebten (…) auf der weltabgewandten Seite der Michaelskirche und mußten sich nicht in das Alltagsleben der Stadt einmischen." Über ihren von Gebet und Kontemplation bestimmten Alltag sei so gut wie nichts bekannt, bedauert der Wissenschaftler. „Außerdem wissen wir weder genau, wie groß das Kloster eigentlich war, noch, wie es aussah", ergänzt Uta Lörzer.

Nonnenempore und Beichterker sind im Gegensatz zu dem überdachten Gang und seinem Zugang zur Kirche noch heute erhalten. „Hier zu beichten muss ziemlich unbequem gewesen sein", erklärt Uta Lörzer mit Blick auf die Zelle, in der damals der Beichtvater saß. Diese hatte ein Sprechgitter in der Trennwand, durch das der Geistliche den Nonnen, die in der östlichen Zelle saßen, die

Beichte abnahm. Die Beichtkammer der Schwestern war von der Kirche aus nicht zugänglich. Nur wer direkt vom Kloster kam, gelangte hinein. So vermittelte der steinerne Erker einen privaten Ort, an dem zwischen Sünderin und Priester weder Sicht- noch Körperkontakt möglich war. „Der Ausschluss der Öffentlichkeit und die Abgeschlossenheit des Raums ermöglichten auch eine größere Konzentration auf die Beichte und eine intimere Atmosphäre", erklärt Historikerin Eva Schlotheuber in einem Beitrag über das Verhältnis zwischen Nonnen und ihrem Beichtvater. Zweimal im Monat sei die Beichte in Frauenkonventen vorgeschrieben gewesen, bei Bedarf hätten die Nonnen jedoch auch durchaus häufiger von der Möglichkeit Gebrauch gemacht.

Dass die Nonnen im Michaelskloster es im Laufe der Jahrzehnte weder mit der Beichte noch mit dem abgeschiedenen Leben so genau nahmen, darauf verweist Herbert Koch in seiner „Geschichte der Stadt Jena": „Auch bei den Nonnen machten sich Verfallserscheinungen bemerkbar. Der Reichtum führte zu üppigem Leben: häufig verließen sie auf kürzere oder längere Zeit das Kloster zu Verwandtenbesuchen, gegen die Speisegebote verstießen sie unablässig." Das Lotterleben ging so weit, dass das Kloster 1492 mit dem Kirchenbann belegt wurde. Geistliche aus anderen Städten mussten nach Jena kommen, um die Damen im Zisterzienserinnenkloster wieder zurück auf den rechten Weg zu bringen.

So lebten die Nonnen bis 1526 in unmittelbarer Nähe zur Michaelskirche. Doch als die Reformation Jena erreichte, wurde das Kloster aufgehoben. Aus der katholischen wurde eine protestantische Kirche und der Zugang von Norden war nutzlos geworden. Mit dem Abriss der Klostermauern fiel auch dieser weg und wurde mit den roten Sandsteinquadern für immer verschlossen.

Heike Thissen

So geht's zum vermauerten Zugang:

Der Durchlass befand sich an der nördlichen Wand der Kirche St. Michael. Er ist von außen an den roten Steinen in der weiß gemauerten östlichen Schmalseite des Beichterker-Anbaus zu erkennen.

Hinter dieser Holzverschalung an der Kirche St. Nikolai befinden sich die Lichtenhainer Fresken. Wer wie Gästeführer André Nawrotzki auf den Schalter drückt, aktiviert die Beleuchtung auf die Gemälde.

25 Fresken

Die verblassenden Bibelgeschichten

„Jeder Mensch, auch der sich nicht dafür interessierende, weiß vom Lichtenhainer Bier, aber wie wenige wissen von den Lichtenhainer Fresken." So urteilte die Jenaer Bildhauerin Martha Bergemann-Könitzer (1874-1955) schon vor gut hundert Jahren. Auch heute ahnen die wenigsten Bürger, welch kultureller Schatz sich an der kleinen Kirche St. Nikolai befindet. Wie auch? Die Kunst an der nördlichen Außenwand des Gotteshauses war von Beginn an von Schutzmauern umgeben. Trotzdem verblasste das Kleinod immer weiter. Die Außenwandmalereien im Jenaer Ortsteil

Lichtenhain sind trotz aufwändiger Sanierungsversuche nicht wiederherzustellen.

„Ursprünglich waren an der Nikolaikirche 78 Bilder in sechs Reihen mit je 13 Bildern zu sehen", erklärt der Grafiker und Gästeführer André Nawrotzki. Ein jedes war etwa 60 mal 40 Zentimeter groß. Anhand der Konturen, die übrig blieben, lässt sich der Inhalt der meisten Bilder erahnen. Der unbekannte Künstler schuf durch ausgewählte Motive aus dem Alten und Neuen Testament einen Zyklus, der mit der Schöpfungsgeschichte beginnt und wahrscheinlich mit dem Tod Christi endet. Wahrscheinlich deshalb, weil einige Bilder nicht mehr zu erkennen sind. „An vielen Stellen blieben nur die Vorzeichnungen sichtbar", sagt Nawrotzki, der ein Informationsheft über den Bilderzyklus herausgegeben hat. Durch ein Forschungsprojekt, das von der Deutschen Bundesstiftung Umwelt gefördert wurde, fanden Wissenschaftler heraus: Bei gut der Hälfte der Motive ist die Bildinformation nicht mehr lesbar, etwa ein Drittel der Malerei ist vollständig verloren, bei weiteren 36 Prozent sind nur noch die Vorzeichnungen sichtbar. Nur noch acht Prozent der eigentlichen Übermalung sind erhalten.

„Der Raum vor der Nordwand der Kirche war ein Ablagerungsplatz für faules Holz, Röhren, Sand, wackelige Bänke."

Eindeutig ist trotzdem, dass der Maler in der ersten Reihe die Schöpfungsgeschichte bis zur Vertreibung von Adam und Eva aus dem Paradies schuf. In der zweiten Reihe folgen der Bau der Arche Noah, der Turmbau zu Babel und Ereignisse aus Abrahams Leben. Auch in der folgenden Reihe spielt Abraham eine Rolle, genauso wie sein Sohn Isaak und sein Neffe Lot. In der vierten Bilderfolge geht es um die Geschichte der Juden. Unter anderem wird der Untergang der Ägypter im Roten Meer dargestellt, genauso wie der Tanz um das Goldene Kalb und die Strafe für diese Abgötterei. Was in den unteren beiden Reihen zu sehen war, lässt sich nur noch anhand der Beschreibungen des ehemaligen Jenaer Archäologen Friedrich Klopfleisch (1831-1898) rekonstruieren. Damals waren diese beiden Reihen noch vorhanden. Er beklagte schon 1860 den erbärmlichen Zustand der Bilder, die im Volksmund Fresken genannt werden, forderte Sanierungsmaßnahmen und ließ Holzschnitte der Bilder anfertigen. Laut Klopfleisch stellte der Künstler in der fünften Reihe die Geschichte von Maria sowie Jesu Geburt dar, während es in der sechsten Reihe um die Geschichte Christi bis zu seiner Kreuzigung geht.

Wer heute einen Blick auf die Malereien werfen möchte, kann das nicht mehr direkt tun. Zu sehen sind die Bilder nur durch einen klimatisierten Schaukasten, der seit Ende 2015 in eine Schutzwand aus Holz eingelassen ist. André Nawrotzki zeigt, wie die verblassenden Motive wenigstens kurz wieder vor dem Auge des Betrachters aufleuchten können. „Drücken Sie hier drauf", sagt er und deutet auf einen Schalter. Im Innern der Schutzeinhausung geht Licht an, die Überreste der Fresken werden angestrahlt. Zu erkennen sind nur noch schemenhafte Vorzeichnungen der Bilder, die farbig ausgeführt wurden. Denn trotz vieler Versuche kamen die Experten zu dem Ergebnis, dass die wertvollen Bilder nicht zu sanieren sind. Sie können höchstens davor bewahrt werden, weiter zu verblassen. Dies liegt unter anderem an der Maltechnik. Der Künstler schuf den Bilderzyklus ‚al secco', das heißt, er malte auf den schon getrockneten Putz. So konnte sich die Farbe nicht mit dem Untergrund verbinden.

Erhaben thront die Kirche St. Nikolai über dem Jenaer Ortsteil Lichtenhain. An der Außenfassade sind biblische Szenen aufgemalt. Von den ehemals 78 Bildern sind nur noch wenige erhalten.

Zwar versuchte man 1970, die Fresken zu retten, indem eine farblose Schutzschicht aufgetragen wurde. Doch dadurch konnte der Putz nicht mehr atmen, aufsteigende Nässe beschleunigte den Verfall. Dabei waren die Außenwandmalereien von Beginn an mit einem Dach und im Laufe der Zeit mit verschiedenen Schutzwänden versehen worden. Sie alle halfen nichts. Dazu kamen die Luftverschmutzung durch die wachsende Industrie in Jena und ein ignoranter Umgang mit dem Kulturgut, wie Martha

Bergemann-Könitzer 1914 beschreibt: „An der Nordwand der Kirche zwischen 2 Pfeilern befinden sich die Fresken unter einem Schutzdach; Glasfenster und Tür trennen sie von draußen. Aber die Tür ist stets unverschlossen, der Raum ein Ablagerungsplatz für faules Holz, Röhren, Sand, wackelige Bänke. Beim Anstreichen des Schutzdaches von innen sind große Flecken und Tropfen hellblauer Farbe auf die Bilder herunter gefallen. Verschiedene in die Gesichter ganz fein eingezeichnete Schnurrbärte bezeugen die Anregung, die die Fresken den Schulkindern boten, die von der Schule aus den Friedhof durchquerten. Von der unteren Freskenreihe der noch 1860 teilweise erkennbaren Christusgeschichte sind, wohl dank der daran lehnenden Holzscheite, nur noch Spuren vorhanden."

Ein Geheimnis wird es bleiben, warum und von wem die Bilder geschaffen wurden, die nördlich der Alpen einmalig sind. Zunächst vermuteten Kunst- und Kirchenhistoriker, der Zyklus könne eine Bibel für Arme darstellen oder für Menschen, die nicht lesen können. Inzwischen kursiert die Theorie, dass die Fresken eher als eine Art lehrreiche Bildergeschichte für Reisende gedacht waren. Denn die Kirche lag an einem Handelsweg. Der Name des Gotteshauses spricht jedenfalls für diese Überlegung: Der heilige Nikolaus ist Schutzpatron der Seefahrer, reisenden Händler und Kinder. Auch die Entstehungszeit der Fresken gibt Rätsel auf. Nach Vergleichen mit anderen Wandmalereien vermuten Kunsthistoriker, dass die Lichtenhainer Bilder zwischen 1350 und 1420 entstanden sein müssen.

Bleibt noch zu klären, warum Lichtenhain damals eher für sein Bier bekannt war als für die Fresken. André Nawrotzki kennt die Antwort: „Studenten gingen gern in den Ort zum Feiern, weil das Bier dort gut schmeckte und die Jenaer Polizei keinen Zugriff auf sie hatte", erzählt der Stadtführer und grinst.

Kirsten Schlüter

So geht's zu den Fresken:

Sie befinden sich an der Kirche St. Nikolai im Ortsteil Lichtenhain. Die Kirche steht etwas erhöht, an der Kreuzung Lützowstraße/Lützowstraße.

Zwei Jenaer Weinbauern mit guter Ernte? Nein! Das sind Joshua und Kaleb, die aus Kanaan den Beweis mitbringen, dass dort nicht nur „Milch und Honig fließen", sondern auch Weintrauben wachsen.

26 Weintraubenrelief

Erinnerung an eine jahrhundertealte Tradition

Es ist nur ein vergleichsweise einfaches Relief, von den Passanten in der Gasse kaum beachtet oder gar ignoriert, hoch oben an der Außenfassade angebracht. Es zeigt zwei Männer, einen jüngeren und einen deutlich älteren, die mit Hilfe eines starken Astes zusammen eine mannshohe Weintraube tragen. Was das Relief hier zu suchen hat? Es erinnert an die fast 900 Jahre alte Tradition des Jenaer Weinbaus, die beinah ebenso vergessen ist wie das Bild, das auf sie verweist.

Bei den beiden Männern allerdings handelt es sich keineswegs um Jenaer Weinbauern, die gerade eine besonders ertragreiche Ernte einfahren. Das Relief zeigt eine biblische Szene: Die Israeliten Joshua und

Kaleb, die Mose ausgeschickt hat, um als Kundschafter Gottes das Land Kanaan zu erforschen. Von dort bringen sie nicht nur die frohe Kunde mit, dass sie in einem Land gewesen seien, „in dem Milch und Honig fließen", sondern auch einen stichhaltigen Beweis dafür. „Als die Männer schließlich ins Traubental kamen, schnitten sie eine Weinranke mit einer Traube ab und trugen sie an einer Stange", steht im Alten Testament im vierten Buch Mose zu lesen. Solche Weintrauben hat es in Jena natürlich selbst bei hervorragenden Jahrgängen nie gegeben. Eine große Rolle spielte der Weinbau in der Stadt aber allemal.

„Fast alle Bürger der Stadt hatten direkt oder indirekt etwas mit dem Weinbau zu tun."

Karsten Kirsch vom gleichnamigen Weingut in Jena kann die Hintergründe erklären. „Der Weinbau in Jena wurde das erste Mal 1182 urkundlich erwähnt. Das war zu der Zeit, als die Franken nach Thüringen kamen, und die brachten den Wein mit", weiß der Weinbauer, der an der fast 900 Jahre alten Tradition noch heute festhält. Allein auf Jenaer Gebiet habe es im 15. und 16. Jahrhundert rund 700 Hektar Weinberge gegeben. „Das entspricht in etwa der Größe des heutigen Weinanbaugebiets Saale-Unstrut", veranschaulicht er. Auch, wie wichtig der Weinbau als Wirtschaftszweig für die Stadt war, kann er gut erklären: „Fast alle Bürger hatten direkt oder indirekt etwas mit dem Weinbau zu tun und bezogen ihr Einkommen daraus. Die Weinkeller hier hatten ein Fassungsvermögen von mehr als 700.000 Litern." Das historische Wappen und die Siegel der Stadt enthielten die Weintraube, die in Jena geprägten Münzen zeigten sie, selbst die Grenzsteine in der Umgebung wurden mit den Früchten verziert. Der Wein habe die Stadt nicht nur reich und bekannt gemacht, sondern sogar Anteil daran gehabt, dass erst die Hohe Schule und später die Universität (siehe Geheimnis 37) nach Jena gekommen sind, erklärt Kirsch. „Weil Jena 1558 durch den Weinbau so bekannt und bedeutend war, kam es überhaupt erst als Standort dafür in Frage."

Doch so sehr die Gründung der Universität für die Stadt Jena damals ein Segen war, für den Weinbau war sie ein Fluch. „Durch die Hochschule ergaben sich für die Einwohner Jenas neue Einkommensquellen. Die Studenten und Lehrkräfte brauchten Wohnungen, mussten essen und wollten Aufwartung haben. Diese Dienstleistungen wurden sicher nicht immer so gut bezahlt wie der Weinbau, waren aber auch nicht so schwer wie das Arbeiten an einer Hanglage", erklärt Karsten Kirsch die Hintergründe. Erschwerend kam hinzu, dass die Studenten lieber Bier als Wein tranken und die Schweden bei ihrem Durchzug im Dreißigjährigen Krieg (1618-1648) Weinstöcke im großen Stil in Brand steckten. Ab dem 17. Jahrhundert sei der Weinbau dann immer mehr in den Hintergrund gerückt, die Weinberge verfielen. Ende des 19. Jahrhunderts war auf den Hängen nichts mehr übrig vom Weinanbau in Jena. In der Stadt hingegen gibt es bis heute Relikte, die an jene Zeit erinnern: So war beispielsweise das „Haus zur Rosen" einst ein Weinbauernhof und unter dem Neubau der Thüringer Landes- und Universitätsbibliothek befinden sich noch immer die riesigen Weinkeller des „Fürstenkellers", in denen einst mehr als 3000 Hektoliter Wein gelagert werden konnten.

Inzwischen gibt es Leute wie Karsten Kirsch, die die alte Tradition des Jenaer Weinbaus wieder beleben. 1978 begann eine kleine Gruppe von Hobbywinzern, einen Weinberg in Zwätzen vom Gebüsch zu befreien und neu mit Weinstöcken zu bestücken. Später entstanden weitere Weinberge auch in anderen Teilen der Stadt. Sogar professionellen Weinbau gibt es wieder, seit das Thüringer Weingut Bad Sulza 2010 bei Kunitz einige Hektar Flächen mit Reben bestockt hat.

Heike Thissen

So geht's zum Weintraubenrelief:

Das Relief, das Joshua und Kaleb beim Tragen der überdimensionalen Weintraube zeigt, ist am Haus „An der Marktmühle" angebracht, auf das die Gasse rechts neben dem Stadtmuseum zuführt.

Günter Herzog weiß genau, was diese Formel zu bedeuten hat.

27

Kugel mit Formel

Ernst Abbe: Genie mit Sinn für Soziales

$d = \frac{\lambda}{2\,n \sin \alpha}$. Alles klar? „Klar!", werden Physiker jetzt rufen. Das ist die von Ernst Abbe (1840–1905) entwickelte Auflösungsformel von Mikroskopen! Alle anderen werden mit fragendem Gesicht dastehen. Doch der Jenaer Diplom-Physiker Günter Herzog kann's erklären: „Die Formel sagt etwas darüber aus, wie man verschiedene Komponenten so zusammenfügt, dass man reproduzierbare Ergebnisse in der Herstellung von Mikroskopen und deren Auflösung hat", sagt er. Die hier in der großen Steinkugel verewigte Abbe'sche-Formel sei gewissermaßen der Schlüssel zum Erfolg für den deutschen Unternehmer und Mechaniker Carl

Kugel mit Formel: Erinnerung an ein Genie mit viel Sozialkompetenz.

Zeiß (1816-1888) geworden, der die weltbekannte Firma Carl Zeiss gründete.

Günter Herzog erklärt es genauer: „Mit einem Mikroskop möchte man die kleinsten Strukturen eines Objektes auflösen, abbilden, sehen. Dies ist aber, wie Ernst Abbe erkannte, durch die Wellennatur des Lichtes begrenzt. Seine Formel beschreibt das Auflösungsvermögen eines Lichtmikroskops. ‚d' ist der Abstand zweier Objektpunkte, die man in der Abbildung gerade noch getrennt voneinander beobachten kann. Das hängt direkt von der eingesetzten Beobachtungswellenlänge – lamda – des Lichtes ab, je kleiner die Lichtwellenlänge ist, um so kleiner wird der beobachtbare Abstand zweier Objektpunkte. Also liegt die Auflösungsgrenze bei der Lichtmikroskopie bei etwa der halben Lichtwellenlänge. Weiterhin beeinflusst die im Nenner der Formel stehende so genannte Numerische Apertur die Auflösung und sagt etwas über das Design eines Mikroskops aus." Denn je mehr am Objekt gebeugtes Licht man zur Abbildung ‚einsammle' (alpha = halber Öffnungswinkel des Objektivs) und dazu noch ein lichtbrechendes Medium mit einem Brechungsindex ‚n' größer ‚1' zwischen Objekt und Objektiv bringe, desto kleiner werde hier das ‚d'.

Soviel also zur Erklärung der Formel. Warum steht sie nun auf einer riesengroßen Kugel geschrieben? „Das ist ein Denkmal für Ernst Abbe", klärt Herzog auf. Das ist auch der Inschrift auf dem darunterliegenden Sockel zu entnehmen. „Carl Zeiß hatte ja eine Genehmigung bekommen, in Jena als Mechaniker eine Werkstatt für Brillengläser und für Mikroskope aufzubauen. Das war anfangs noch eine ziemliche Bastelei." Abhilfe gab es durch Ernst Abbe (1840–1905) und seine Formel. „Er hat quasi die wissenschaftliche Grundlage für den Mikroskop-Bau geliefert. Und er ist dann auch Mitinhaber der Zeiss-Firma geworden."

Allerdings ging nicht alles von Anfang an glatt: Abbes erstes Mikroskop war leistungsschwächer als die bisherigen von Zeiss, doch das forderte Abbes Ehrgeiz erst recht heraus. Erst daraufhin entwickelte er die Formel. „Zeiß hat sofort erkannt, wie wichtig diese Formel ist und

Abbe 1876 als Teilhaber mit in seine Firma genommen", schildert Günter Herzog. Und um die Qualität auch hinsichtlich des Glases zu verbessern, das anfangs noch voller Schlieren und Blasen gewesen sei, wie Herzog sagt, habe Abbe dann auch den Chemiker und Glastechniker Otto Schott (1851-1935) angeheuert und gemeinsam mit ihm, Carl Zeiß und dessen Sohn ein Glastechnisches Laboratorium gegründet, das später in das Jenaer Glaswerk Schott & Genossen überging.

Und die Formel auf der Kugel? „Ja, was wollte man damit ausdrücken?", überlegt Günter Herzog und hat eine mögliche Antwort parat. „Das Runde steht in meinen Augen für das Allumfassende, Soziale", sagt er. „Denn Abbe war eben nicht nur ein genialer Wissenschaftler, sondern auch ein großer Sozialreformer. Als Carl Zeiß 1888 starb, war er alleiniger Eigentümer der Firma Carl Zeiss. Er behielt sie aber nicht in seinem Privatbesitz, sondern machte eine Stiftung daraus", erzählt Herzog. „Er hatte soziales Format, hat für seine Belegschaft eine Rentenversicherung, eine Krankenversicherung, den Acht-Stunden-Tag, Urlaub, Mindestlohn, Kündigungsschutz und Gewinnbeteiligung eingeführt, sowie für die Jenaer ein Kulturhaus und ein Bad gebaut." Dieses Engagement habe man ihm nie vergessen. Selbst als Günter Herzog 1969 als Lehrling bei Zeiss anfing, war man sich dessen immer noch sehr bewusst. Und das ist bis heute so geblieben. Herzog bewundert Ernst Abbe nicht zuletzt deshalb so sehr. Denn er weiß: Genialität ist das Eine. Aber ohne eine gewisse Sozialkompetenz und die Fähigkeit, Mitarbeiter zu führen, entsteht auch bei aller Genialität keine Firma mit Weltruhm.

Eva-Maria Bast

So geht's zur Kugel mit Formel:

Das Denkmal für Ernst Abbe befindet sich vor dem Haus Fürstengraben 23, gegenüber dem Haupteingang des Botanischen Gartens.

Den Ort Laasan können Reisende nicht verfehlen, wie Günther Queisser zeigt. Ein Pfeil auf dem Stein weist die Richtung und deutet die Entfernung an.

28 Meilenstein

Napoleon wusste, wo's langgeht

Gerade einmal zwei Quadratkilometer Fläche misst der kleine Ort, rund 55 Einwohner leben dort in Abgeschiedenheit (Stand Juni 2014): Laasan wird vom so genannten Hufeisen umgeben, einer bogenförmigen Bergkette aus Muschelkalk. Genau deshalb rankt sich um das Dorf seit Jahrhunderten die Legende, es sei von nirgendwo aus zu entdecken – auch nicht von Napoleon. Während der Kriegstage im Oktober 1806 soll der Kaiser Laasan vergeblich gesucht haben, so dass es als einziger Flecken rund um Jena unbesetzt blieb. Ein alter Meilenstein und ein Gemeinderechnungsbuch erzählen eine andere Geschichte.

Tatsächlich ist Laasan (frühere Schreibweisen sind Lasan, Laßan, Lahßan oder Lasen) nur durch eine Kreisstraße und Wanderwege mit dem nächsten Ort Kunitz verbunden. Selbst wer von den Hügeln ins Tal blickt, entdeckt das Dorf nicht. „Der Volksmund hat dafür gesorgt, daß sich um den Ort ein wucherndes Rankenwerk von Dichtung und Sage geschlungen hat“, schreibt der Jenaer Carl Heyder in einer Untersuchung zu Laasan im Lauf der Geschichte. Und weiter: „Nicht selten wird dreist behauptet, Napoleon persönlich habe das Dorf nicht gefunden! Und das wurde treu und brav geglaubt.“

Dieses schmucke Gebäude dient den rund 55 Einwohnern von Laasan noch heute als Rathaus. Das abgelegene Örtchen ist einen Ausflug wert.

Günther Queisser weiß es besser. Der begeisterte Napoleonkenner fährt in das benachbarte Dorf Kunitz, hält an einer Kreuzung an und deutet auf einen Stein. In dieses Straßenschild aus früheren Tagen ist oben ein Pfeil nach links eingraviert, flankiert von der Inschrift *Zwätzen* und *¼ St.* Darunter steht *Lasan ¼ St.*, ein Pfeil nach rechts weist den Weg. Von hier aus dauert es also eine Viertelstunde Fußmarsch bis zum Ziel. Günther Queisser schaut sich um und fragt beliebige Einwohner von Kunitz nach diesem alten Meilenstein. Doch keiner der Angesprochenen hat ihn jemals beachtet. „Dabei gab es diesen Wegweiser schon zu Napoleons Zeiten“, sagt Queisser, „seine Truppen haben Laasan nämlich sehr wohl gefunden. Man muss außerdem bedenken, dass es ab 1792 in deutschen Gebieten nur so von französischen Spionen wimmelte, denn damals hatte Napoleon Österreich den Krieg erklärt, überall formierten sich neue Bündnisse. Durch die Spione verfügten die Franzosen über ein hervorragendes Kartenmaterial der Kriegsschauplätze. Es ist sehr wahrscheinlich, dass auch Laasan eingezeichnet war“, sagt Queisser.

Für das Auftauchen französischer Soldaten im Ort sprechen auch einige Eintragungen ins alte Gemeinderechnungsbuch von 1806, die Carl Heyder ausgewertet hat. Darin sind Befehle der Zivil- und Militärbehörden sowie die genauen Ausgaben für Dienste im Auftrag der Franzosen aufgelistet. Unter anderem ist dort zu lesen, dass in Laasan eine Wachstube für die französischen Soldaten eingerichtet wurde. Außerdem heißt es im Büchlein: „Georg Ratz muß nach Jena, um französische Pässe für die Einwohner in Lasan abzuholen.“ Andere Ortsbewohner sollten in die Stadt fahren, um Schlachtochsen für französische Soldaten abzuliefern. Kurzum: „Auch das kleine Dorf lernte den Krieg gründlich kennen", sagt Günther Queisser. Besonders aufschlussreich sind Eintragungen aus den Schlachttagen von 1806: „5 rthlr (Reichstaler) 8 gr (Groschen) Spannlohn, 4 Zugtiere vor die französischen Stücke (Kanonen) zu spannen, von Jena bis Weimar." Oder „27 rthlr für 6 Jenaische Scheffel Hafer zur Brandschatzung für 7 französische Reiter." Queisser erklärt: „Brandschatzung ist eigentlich ein mittelalterlicher Brauch und bedeutet, dass Geld oder Naturalien dafür bezahlt werden müssen, dass die Feinde auf das Abbrennen oder Plündern von Häusern verzichten. Auch später wurde noch reichlich von dieser Methode Gebrauch gemacht." Laasan musste am 29. November 1806 ein Verzeichnis über die Brandschatzung und Lieferungen an das Fürstliche Amt Jena einreichen. Sechs eng beschriebene Seiten im Großformat füllten die Kriegsausgaben des Örtchens. Laut Gemeinderechnungsbuch gab das Dorf 320 Reichstaler aus und nahm 318 Reichstaler ein. Im Friedensjahr 1803 dagegen fiel die Rechnung positiver aus: Laasan erwirtschaftete einen Überschuss von 61 Reichstalern. Die Haushalte 1804/05 und 1805/06 konnten nur durch Anleihen ausgeglichen werden. Außerdem füllte der Obst- und Holzverkauf den Gemeindesäckel.

„Auch das kleine Dorf Laasan lernte den Krieg gründlich kennen."

Diese nüchternen Eintragungen und der alte Meilenstein belegen, dass feindliche Soldaten auch den versteckten Ort heimsuchten und die Bewohner zur Kasse baten. Auch Carl Heyder frohlockt: „Damit fällt die landläufige Behauptung, daß Lasan von den Franzosen nicht gefunden worden sei, als leeres Geschwätz in sich zusammen."

Kirsten Schlüter

So geht's zum Meilenstein:

Im Dorf Kunitz steht der Meilenstein an der Kreuzung, bei der die Straßen Mühlstatt, Auf der Gebind, Laasaner Straße und Kirchstraße zusammenkommen, im Gras.

In Ermangelung eines Wäschekorbs setzt sich Kerstin Keilholz einfach selbst auf den Buttenstein.

29

Wäschekorbstein

Bei Hochwasser war das Waschen schwieriger

„Schade, dass ich jetzt keinen Wäschekorb dabeihabe. Ich hätte gerne mal ausprobiert, wie es ist, hier einen abzustellen." Kerstin Keilholz deutet auf den großen Stein, der unweit der Camsdorfer Brücke am Ufer steht und ergänzt: „Aber einen Wäschekorb trägt man schließlich nicht einfach so an der Saale spazieren." Im Mittelalter allerdings schon – und davon kündet der Stein.

Zwar gingen die Frauen damals nicht gerade mit ihren Wäschekörben spazieren, aber sie trugen die vollen Körbe zum Ufer, um hier zu waschen. „Damit sie die Körbe nicht auf den oft schlammigen oder schmutzigen Boden stellen mussten und wohl auch, um sich das tiefe Bücken zu ersparen, stellte man auf dem Stein, dem so genannten Buttenstein, die Körbe ab." Eine Butte, erklärt die Gästeführerin, sei

So unscheinbar dieser Stein ist – für die Frauen aus Camsdorf und Wenigenjena hatte er bis 1904 eine große Bedeutung.

ein Gefäß, so sei der Stein zu seinem Namen gekommen. Ob er genau an dieser Stelle gestanden habe, sei unklar, „aber auf jeden Fall nahe am Ufer." Und bei Hochwasser habe er sich immer wieder mal unter Wasser befunden.

Am Stein gibt es noch Abschleifungen, an denen man erkennen könne, bis wohin das Wasser gereicht habe, erzählt Keilholz. Belegen lasse sich zwar nicht, dass die Abschleifungen vom Hochwasser kommen, doch das sei so überliefert worden. Deshalb kann man an dem Stein noch ein anderes Kapitel der Geschichte der Saale erzählen: die des Hochwassers. Und die beginnt schon 1263, als am 23. Juni nach einem schweren Gewitter 35 Menschen in der Saale ertranken. 1532 ist in der Jenaer Chronik das nächste Hochwasser verzeichnet, von Toten ist diesmal nicht die Rede, aber es wurden wohl zahlreiche Häuser von den Wassermassen zerstört, Bäume stürzten um. 1537 kam es zu einem Hochwasser der Leutra, bei dem ein kleiner Junge starb (siehe Geheimnis 16).

Viele weitere Hochwasser haben die Stadt am Fluss im Laufe der Jahrhunderte heimgesucht, 1559 zum Beispiel, 1633 und am 31. August 1643. Bei Letzterem ist in der Chronik vermerkt, das Hochwasser sei so stark gewesen, „das man von der Saalgasse mit dem Boot über den Steinweg fahren könnt". Drei weitere Male schwoll der Fluss im 17. Jahrhundert enorm an. Gleich Anfang des 18. Jahrhunderts, 1703, forderte ein Hochwasser am 12. Oktober drei Menschenleben, auch im weiteren 18. und im 19. Jahrhundert trat die Saale wieder mehrfach über die Ufer. Besonders schlimm war es im November 1890, als vor allem Wenigenjena und Camsdorf in Mitleidenschaft gezogen wurden. Sogar der Speisesaal des Gasthaus „Bären" stand damals unter Wasser, bis an den „Breiten Stein" war alles eine große Wasserfläche. Zehn Häuser wurden von den Wassermassen weggerissen, 19 Gebäude stürzten ein und viele Menschen ertranken in den Fluten. Seitdem wurde an der Saale ein Hochwassermeldedienst eingerichtet, ist der Chronik zu entnehmen. Für jene Helfer, die Menschen retteten und auch sonst selbstlos halfen, stiftete die Stadt eine Rettungsmedaille, die an zwölf Personen verliehen wurde.

Immer wieder habe man versucht, die Gefahr zu bannen, berichtet Kerstin Keilholz. Johann Wolfgang von Goethe selbst habe sich für mehrere Saalebegradigungen stark gemacht, „durch die das Wasser schneller fließen konnte." Trotzdem kam es auch nach Goethe noch zu Hochwassern. Der Historiker Christian Hill erzählt von einem Hochwasser, das sich 1909 ereignet hat: „Es ging ein starker Regen auf Jena nieder, die Saale und auch die Leutra verwandelten sich zu reißenden Flüssen, die auch Steine und Geröll mit sich rissen", schildert er und fährt fort: „Laut dem Geologen Professor Johannes Walther wurde dadurch so viel Bergmaterial in die Saale transportiert, dass man damit fünf Güterzüge mit je fünfundzwanzig Wagen hätte beladen können."

„Aber einen Wäschekorb trägt man schließlich nicht einfach so an der Saale spazieren."

Die Tatsache, dass der Buttenstein während dieser Hochwasser teilweise oder ganz im Wasser stand und sich damit nicht zum Wäschekorbabstellen eignete, dürfte die Frauen aus Camsdorf und Wenigenjena wohl kaum gestört haben. Sie hatten dann wahrlich andere Sorgen. Und ihre Wäsche wäre im Fluss zu Hochwasserzeiten vermutlich ohnehin eher dreckiger als sauberer geworden – wühlten die wilden Wasser doch oft auch das Flussbett auf und verwandelten sich dadurch in schlammige, braune Fluten.

Eva-Maria Bast

So geht's zum Wäschekorbstein:

Er steht am Saaleufer nahe der Camsdorfer Brücke. Man findet ihn, wenn man vom Wenigenjenaer Ufer aus schräg gegenüber dem Gasthaus „Grüne Tanne" den kleinen Weg zum Ufer hinuntergeht.

Unbeachtet steht der Stein für „Nimuendajú“ am Wegesrand in der Oberaue.

30

Curt-Unckel-Denkmal

Großer Forscher und Häuptling h.c.

Manchmal schreibt das Leben die unglaublichsten Geschichten. Eine davon ist die des Waisenkindes Curt Unckel. „Wenn man sich sein Leben genauer ansieht, kann man nur darüber staunen, was ein Mensch mit Ehrgeiz, Fleiß und der moralischen Unterstützung der eigenen Großmutter so alles erreichen kann“, erklärt Stadtchronist Jürgen Jache tief beeindruckt, „das sollten die Spaziergänger, die an diesem Gedenkstein vorbeikommen, eigentlich wissen. Aber keiner beachtet ihn.“

Der Stein, von dem Jürgen Jache spricht, steht im Volkspark Oberaue an der Saale. *Dem grossen Indianerforscher und Humanisten Curt Unckel Nimuendajú* ist in ihn eingemeißelt, dazu die Lebensdaten:

**17.4.1883 in Jena / † 10.12.1945 in Santa Rita / Brasilien.* Der Stadtchronist findet, dass diese Inschrift viel zu kurz greift. „Er war noch viel bedeutender, als es diese Zeilen vermuten lassen“, sagt er und spricht nicht vom „großen“, sondern vom „größten Indianerforscher Südamerikas, der jemals gelebt hat“. Es ist nicht die Geschichte vom Tellerwäscher zum Millionär, die sich mit Curt Unckel erzählen lässt. Aber es ist die Geschichte eines Waisenkindes aus Jena, das gegen widrigste Umstände konsequent seinen Traum verfolgt hat und am anderen Ende der Welt zu einem der wichtigsten Wissenschaftler auf seinem Forschungsgebiet geworden ist.

„Unckel war der erste Weiße, der die Indianer als gleichwertige Menschen anerkannte und sich Zeit seines Lebens für ihre Rechte einsetzte.“

In seiner Heimatstadt hat er damit vergleichsweise wenige beeindrucken können. Das war schon zu seinen Lebzeiten so und ist heute nicht anders. Zwar erinnert inzwischen an seinem Geburtshaus in der Wagnergasse 31 eine Tafel an ihn, außerdem hat Jena eine kleine Straße nach ihm benannt. „Aber wenn man die Jenaer nach Curt Unckel fragt, zucken die meisten mit den Schultern“, bedauert der engagierte Chronist. Selbst im Stadtarchiv gebe es nur eine winzige Spur von Unckel, nämlich eine Aktennotiz, dass die Familie für den damals zwölfjährigen Curt öffentliche Armenfürsorge beantragt habe.

„Der Junge ist 1883 in sehr einfache Verhältnisse hineingeboren worden und ohne Eltern aufgewachsen“, beginnt Jache die Lebensgeschichte des Indianerforschers zu erzählen. Anfangs kümmerte sich seine Großmutter um ihn. „So bettelarm sie auch waren, so hat es die Frau offensichtlich doch verstanden, ihn mit unerschütterlichem Interesse für die Welt und einer großen Offenheit für alles Neue auszustatten“, überlegt der Stadtchronist, „sie hat ihm sozusagen den Bazillus der Neugierde eingepflanzt.“ Außerdem wohnte sie nicht weit entfernt von dem Zoologen und Naturforscher Ernst Haeckel (1834-1919), der den Jungen mit seinen Forschungsreisen und Berichten tief beeindruckte. Nach ihrem Tod war es eine Tante, die ihn und seine Halbschwester aufzog. Mit großer Wahrscheinlichkeit habe der kleine Curt auch im Jenaer Stadtwald mit seinen Freunden Cowboy und

Indianer gespielt und von der großen weiten Welt geträumt. „Zu seiner Zeit gab es bereits das von Ernst Abbe gegründete Volkshaus mit seiner öffentlichen Lesehalle. Dort konnte er seine Nase in Zeitungen und Bücher zu allen möglichen Themen stecken und sich über ferne Länder informieren“, weiß Jürgen Jache aus Aufzeichnungen von Unckels Freunden. Besonders Reiseberichte aus Südamerika hatten es ihm angetan.

Für Stadtchronist Jürgen Jache ist Curt Unckel einer der beeindruckendsten Menschen, von denen er je gelesen hat. Der Stein erinnert an ihn.

Schon früh muss der wissbegierige Curt sich selbst weitergebildet haben. Er besuchte lediglich die Volksschule; Abitur und ein anschließendes Studium kamen für jemanden wie ihn damals nicht in Frage – ein Umstand, der später schuld daran sein sollte, dass ihm nie die Anerkennung zuteil wurde, die er verdient gehabt hätte. Auch ohne Abitur und Portugiesischkenntnisse machte er sich nach einer Mechanikerlehre in der Messabteilung der Firma Carl Zeiss auf den Weg nach Brasilien. Und wieder war es eine Frau aus seiner Familie, die ihn unterstützte: „Seine Halbschwester hatte extra Geld von ihrem Gehalt als Lehrerin zur Seite gelegt, um ihm 1903 diese Reise zu ermöglichen“, sagt Jache. Und es sollte mehr als nur eine Reise werden.

Denn in Südamerika, mehr als 10.000 Kilometer Luftlinie von Jena entfernt, fand Curt Unckel die Heimat, nach der er sich als Jugendlicher beim Brüten über den Büchern in der Ernst-Abbe-Bibliothek offenbar immer gesehnt hatte. Dementsprechend schnell fand er sich in der neuen Umgebung zurecht, brachte sich Portugiesisch und viele andere Sprachen bei, nahm an Expeditionen teil, lernte verschiedene Indianerstämme kennen und lebte mit ihnen. „Unckel war der erste Weiße, der die Indianer als gleichwertige Menschen anerkannte und sich Zeit seines Lebens für ihre Rechte einsetzte“, ordnet Jache die Bedeutung des Forschers für die Ureinwohner ein. Kein Wunder, dass der Forscher 1906 von den Apapocuva-Guarani-Indianern einen Beinamen erhielt, der ihn für den Rest seines Lebens begleiten sollte – sogar bis auf das Denkmal in der Oberaue an der Saale: „Nimuendajú“ bedeutet so viel wie „der, der sich eine Wohnung bei uns macht“.

„Er verbrachte so viel Zeit inmitten der Ureinwohner, dass er am Ende mehr als 20 Indianersprachen beherrschte, die sich voneinander unterscheiden wie Deutsch und Finnisch. Außerdem zeichnete er die Sitten, Gebräuche, Lieder und Geschichten von vielen Stämmen auf, die inzwischen ausgestorben sind. Ohne Curt Unckel gäbe es keinerlei Spuren von ihnen“, sagt Jache, der selbst bereits in Brasilien war, um auf Unckels Spuren zu wandeln. Völkerkundemuseen auf der ganzen Welt verdanken Curt Unckel die wertvollsten Teile ihrer Sammlungen zu den Amazonasindianern.

Dass er in seiner Heimat weitgehend vergessen ist, führt Jürgen Jache vor allem darauf zurück, dass Curt Unckel nie studiert hatte. „Obwohl er der bedeutendste Kenner der Kultur der südamerikanischen Indianer war, erkannten ihn die hiesigen promovierten und habilitierten Wissenschaftler nicht als einen von ihnen an. Die Mitglieder der akademischen Kreise wollten damals gern unter sich bleiben und sich nicht von einem Autodidakten belehren lassen“, erklärt Jache. 1934 kehrte Unckel nach mehr als drei Jahrzehnten in Brasilien ein letztes Mal nach Deutschland zurück. Unckel starb unter bis heute nicht geklärten Umständen in einem Dorf der Tukunaindianer bei Santa Rita in Brasilien. Seine Gebeine ruhen in einer indianischen Totenurne in einem Stadtteil von Sao Paulo.

Seinen Gedenkstein stellte ihm die Stadt am 17. April 1965 auf, da war er bereits fast 20 Jahre tot.

Heike Thissen

So geht’s zum Curt-Unckel-Denkmal:

Es steht im Volkspark Oberaue. Von der Stadtrodaer Straße folgt man dem Uferweg entlang der Saale Richtung Unisportzentrum und biegt an der zweiten Wegkreuzung links ab.

Luthers Grabplatte

170 Kilometer zur letzten Ruhestätte

Wie beeindruckend! In der Stadtkirche gibt es einen echten Hingucker: die Grabplatte Martin Luthers. Doch wer näher forscht, stellt fest: Der große Reformator (1483-1546) hat hier zwar eine Grabplatte, aber seine letzte Ruhe fand er darunter nicht. Luther-Kenner werden es ohnehin wissen: Sein Grab befindet sich in Wittenberg. Warum die Grabplatte dann in Jena ist, das weiß Stadtführer Günter Herzog zu erzählen: „Luther starb im Jahr 1546", beginnt er seinen Bericht. „Sein Landesherr Johann Friedrich I. von Sachsen hat deshalb einen Mann namens Heinrich Ciegeler den Jüngeren beauftragt, eine lebensgroße Bronzeplatte zu schaffen."

Es waren unruhige Zeiten, in denen Luther das Zeitliche segnete – und diese unruhigen Zeiten hatte er selbst mit verursacht: Im Herbst 1517 hatte er seine 95 Thesen am Portal der Schlosskirche zu Wittenberg angeschlagen, ein Jahr zuvor schon öffentlich gegen die Ablasspraxis gepredigt. Mit diesen Thesen wurde die Reformation ausgelöst. Im Februar 1531 kamen Fürsten von acht protestantischen Ländern und Vertreter von Städten in Schmalkalden zusammen, um eine Allianz gegen den katholischen Kaiser Karl V. (1500-1558) zu bilden. Sie waren Vertreter des evangelischen Glaubens nach Martin Luther oder auch nach Huldrych Zwingli. Die Führung übernahmen Philipp von Hessen, Johann Friedrich I. von Sachsen und die Städte Bremen und Magdeburg. 1536 traten diesem Schmalkaldischen Bund noch Fürst Wolfgang zu Anhalt, die Herren von Pommern und Württemberg und die Städte Augsburg, Frankfurt, Hannover, Hamburg und Kempten bei. Und dann schloss sich Kaiser Karl mit Papst Paul III. zu einem Bündnis zusammen und erklärte Sachsen im Jahre 1546 den Krieg, ein Ereignis, das als „Schmalkaldischer Krieg" in die Geschichte einging. Über Philipp von Hessen und Johann Friedrich von Sachsen verhängte er die Reichsacht – und Letzterer hatte gerade für den

Günter Herzog weiß: Um diese Grabplatte rankt sich eine spannende Geschichte.

wenige Monate vor Kriegsausbruch verstorbenen Luther die Grabplatte in Auftrag gegeben. Auf der Seite Karls kämpfte Johann Friedrichs Vetter, der ebenfalls protestantische Moritz von Sachsen. Ihm versprach Karl V. die Kurwürde für seine militärische Hilfe und für den Fall des Sieges über den Schmalkaldischen Bund. 1547 war es dann in der Schlacht bei Mühlberg an der Elbe soweit. Der Ernestiner Johann Friedrich I. verlor gegen Karl V.. Infolge dessen musste er die Kurwürde an Moritz, den Alber-tiner, abgeben, und er verlor gleichzeitig den Kurkreis um Wittenberg mit der Universität Wittenberg an Moritz von Meißen. Übrig blieben für Johann Friedrich I. die Ländereien um Weimar, Jena, Gotha, Eisenach, Coburg und Saalfeld.

Eine Grabplatte für Luther – doch sein Grab liegt mehr als 170 Kilometer entfernt!

Johann Friedrich weilte nun in Gefangenschaft. Man hätte meinen können, er hätte andere Sorgen gehabt. Aber nein, er bestand 1549 darauf, dass Bronzegießer Ciegeler 70 Gulden Bezahlung erhielt – um die Grabplatte nach Wittenberg zu bringen. Das war aber nicht so einfach, denn: „Wittenberg war ja nun auf einmal Ausland", schildert Günter Herzog die komplizierten Verhältnisse.

Wie sind eigentlich diese Verhältnisse zwischen Ernestinern und Albertinern entstanden? Das hängt mit der Leipziger Teilung von 1485 zusammen. Die wettinischen Herzöge von Sachsen, die Brüder Ernst und Albrecht III., beschlossen die Teilung ihres Territoriums, das im Großen und Ganzen die Grafschaft Thüringen und die Markgrafschaft Meißen umfasste, in einen ernestinischen und einen albertinischen Teil. Dabei bekam Ernst die sächsische Kurwürde zugesprochen, im Gegenzug hatte sich Albert die Mark Meißen und das silberreiche Erzgebirge aussuchen dürfen.

Aber zurück zur Grabplatte Luthers. „Johann Friedrich bat trotz dieser Umstände seine Söhne aus dem Gefängnis heraus, die Grabplatte nach Wittenberg zu bringen. Da sie gemeinsam die Amtsgeschäfte des Vaters während seiner Abwesenheit führten, wollten sie nicht, dass Moritz in den Besitz der Grabplatte kommt, weil er ja ein Verräter des Lutherischen war", erklärt der Stadtkenner. „Moritz wollte die Bronzeplatte unbedingt in seinen Besitz bringen." Er habe sogar versucht, dem Bronzegießer das Denkmal abzukaufen. „Johann Friedrichs Söhne ließen die Grabplatte deshalb in ihre Residenz nach Weimar bringen", sagt Günter Herzog. Ruth Slenczka schreibt in einem Aufsatz über Luthers Grabplatte, diese sei „zum Symbol des sakralen Herrschaftsprogramms der ernestinischen Wettiner im Kampf um den Sieg des Evangeliums in der als Endzeit gedeuteten Gegenwart" geworden. Als klar war, dass die Grabplatte wohl nicht auf das Grab des Reformators gelangen würde, wurde für selbiges 1550 eine Schriftplatte aus Bronze geschaffen.

Johann Friedrichs jüngerer Sohn Johann Wilhelm (1530-1573) schenkte die Grabplatte 1571 der Universität Jena, welche die Landesuniversität (1558 gegründet) der Ernestiner war. „Er hoffte, dass man das Erbe Luthers hier würdig bewahren würde", sagt Herzog. „Die Grabplatte hatte damals einen bemalten Rahmen, hier befanden sich zusätzliche Inschriften. Dieser Rahmen hatte eine Verglasung." Für die damalige Zeit sei die Verglasung aus etwa 100 Scheiben absolut ungewöhnlich gewesen. Möglicherweise sollten dadurch die Farben geschützt werden.

Auch wenn die Grabplatte in Jena tatsächlich nicht das Grab des großen Reformators ziert: Die Geschichte, die dahintersteckt, ist ungemein spannend – und nicht ganz unkompliziert...

Eva-Maria Bast

So geht's zu Luthers Grabplatte:

Sie befindet sich in der Michaelskirche, Kirchplatz 1. Die Grabplatte hängt an der Nordwand.

Der Mann, nach dem diese Straße benannt wurde, war in Jena sehr bekannt. Doch sein Sohn Karl Victor brachte es nur durch einen einzigen Ausspruch zu überregionaler Berühmtheit.

32

Straßenschild

Ein tödliches Duell und ein berühmter Spruch

Ulf Häder legt den Kopf in den Nacken. „Schauen Sie mal dieses Schild an", sagt der Leiter der Städtischen Museen in Jena. „Woran denken Sie bei diesem Namen?" Zu lesen ist auf der Tafel Von-Hase-Weg. Gemeint ist damit der Kirchenhistoriker und mehrfache Rektor der Universität Jena, Karl August von Hase (1800-1890). Auch an anderen Stellen in der Stadt hat Karl August von Hase Spuren hinterlassen. Doch Ulf Häder lenkt die Aufmerksamkeit auf dessen Sohn. Der ist zwar nicht annähernd so bekannt wie sein Vater, aber trotzdem in aller Munde.

Und das kam so: Karl Victor von Hase (1834-1860) begann 1853 ein Jurastudium in Jena und wechselte ein Jahr später zuerst an die Universität nach Leipzig und kurze Zeit später nach Heidelberg. Dort trug sich eine schicksalhafte Begegnung zu: Der junge Student lernte einen Kommilitonen kennen, der beim Duell seinen Gegner erschossen hatte und nach Frankreich fliehen wollte. Ihm fehlte jedoch ein Ausweisdokument. Karl Victor von Hase „verlor“ also seine Studenten-Legitimationskarte, die der Duellant wie zufällig fand und damit über die Grenze reisen konnte. In Frankreich angekommen, warf der Flüchtende den Studentenausweis weg. Doch die Karte wurde gefunden und an das zuständige Universitätsgericht nach Heidelberg geschickt. Karl Victor von Hase sollte zur Verantwortung gezogen werden, denn den Ausweis hätte er natürlich nicht verleihen dürfen. Als Jurastudent wusste er aber, dass er zwar Angaben zur Person machen muss, dass er aber das Recht hat, zu den Vorwürfen zu schweigen. So tätigte der junge Mann zu Beginn der Gerichtsverhandlung eine Aussage, die uns noch heute wohl bekannt ist: „Mein Name ist Hase, ich verneine die Generalfragen, ich weiß von nichts“, soll er gesagt haben. Wie die Gerichtsverhandlung ausging und ob Karl Victor von Hase bestraft wurde oder mit einer Rüge davon kam, ist nicht überliefert. Doch sein Spruch wurde schon damals in Heidelberg schnell bekannt und machte bald auch die Runde an anderen deutschen und auch niederländischen Universitäten.

Diese Straße, auf die der Museumsleiter Dr. Ulf Häder hinweist, ist nach dem Kirchenhistoriker Karl August von Hase benannt.

Victor von Hases Lebensgeschichte ist schnell erzählt: Im Juni 1857 bestand er in Eisenach sein erstes Staatsexamen und wurde im Juli in Jena zum Doktor der Rechte promoviert. Danach arbeitete er in Eisenach, meldete sich zwei Jahre später als Freiwilliger in der Armee des Großherzogs von Sachsen-Weimar und wurde Unteroffizier. 1860 folgte das zweite juristische Examen und von Hase verließ das Militär als Leutnant a.D.. Im März 1860 erkrankte der junge Mann an einem Nervenfieber, es kam eine Lungenentzündung hinzu. Karl Victor von Hase starb mit 25 Jahren.

Sein Vater Karl August dagegen erreichte das stolze Alter von 89 Jahren. So hatte er auch mehr Zeit, Spuren in Jena zu hinterlassen. Trotz wilder Jugendjahre mit Exmatrikulation (wegen Engagements in einer Burschenschaft) und einer elfmonatigen Haftstrafe auf dem Hohenasperg (wegen Hochverrats) widmete der Theologe sich immer ernsthaft der Wissenschaft. Er habilitierte sich 1823 in Tübingen und 1828 erneut in Leipzig. Ein Jahr später nahm er Johann Wolfgang von Goethes Angebot an: Dieser bemühte sich sehr um den Ausbau der Universität in Jena und bot Karl August von Hase eine außerordentliche Theologieprofessur an. Die hiesige juristische Fakultät verlieh ihm 1873 die Ehrendoktorwürde. Karl August von Hase war außerdem Geheimer Kirchenrat, Wirklicher Geheimer Rat mit Ehrenprädikat Excellenz sowie Ehrenbürger von Jena. An ihn erinnert die Stadt mit einer nach ihm benannten Straße, mit einem emaillierten Namensschild an einem Haus im Philosophenweg, mit seinem Bild in der Aula der Universität sowie mit einer Büste am Fürstengraben.

„Karl Victor von Hases Aussage ist noch heute in aller Munde."

Berühmter geworden, wenn auch nur durch eine einzige Aussage, ist allerdings sein Sohn. Wer sich aus einer Sache heraushalten will, beruft sich auf dessen Worte und gibt sich unwissend. Mit einem hoppelnden Tier hat der Spruch also nichts zu tun.

Kirsten Schlüter

So geht's zum Straßenschild:

Die Hinweistafel steht am Beginn des Von-Hase-Wegs, der in den Hufelandweg übergeht. An Karl August von Hase erinnern zudem ein Denkmal am Fürstengraben, ein Gemälde in der Uni-Aula, eine Plakette mit Hinweis auf seine Lebensdaten an einem Haus im Philosophenweg sowie sein Grabmal auf dem Johannisfriedhof.

Christian Hill legt seinen Kopf mutig in die Mulde. Diese diente einst keinem schönen Zweck.

33

Vertiefung im Stein

Die Fürchterlichkeiten der Justiz in Jena

„1525 werden aufrührerische Bauern auf dem Markte geköpft; 1536 drei Wiedertäufer auf dem Anger geköpft; 1538 trägt ein Weib, das Aepfel gestohlen hat, das Halsband; 1540 Mordbrenner hingerichtet; 1541 Mordbrenner verbrannt." Es ist eine grausige Aufzählung, die der Autor Dr. Herbert Koch 1936 in seinem Aufsatz „Der Jenaer Scharfrichter" macht und die er „Adrian Beiers Aufzeichnungen" entnommen hat. Es geht noch weiter mit den Fürchterlichkeiten. Da ist die Rede von der Hinrichtung eines Gattenmörders, von einem Brandstifter, der ersäuft wurde, von einer Kindsmörderin und einer Zauberin, die geköpft wurden. Die Strafjustiz des Mittelalters und der Frühen Neuzeit war grausam.

Die Blutsgerichtbarkeit oder hohe Gerichtsbarkeit hatte Jena seit dem Jahre 1429 inne, ebenso wie die niedere Gerichtsbarkeit, in deren Bereich Ehrenstrafen lagen, also kleinere Delikte. Zum Beispiel wurden 1550 zwei Frauen wegen Beleidigungen zum Steintragen verurteilt. Christian Hill, der Jenaer, Jenenser und Gäste mit großer Begeisterung durch seine Stadt führt, hat genauer recherchiert, um wen es sich dabei handelte: „Das waren des Asman Zeumers Eheweib und die schwarze Ursel", hat er alten Akten entnommen. Und noch eine namentliche Nennung hat er gefunden: „1675 stand hier der Fuhrmann Hans Krause, behängt mit Brettern und altem Eisenwerk, weil er in Gärten Türen ausgehoben, gestohlen und verkauft hatte." Mit „hier" meint er eine Stelle an der Südostecke des historischen Rathauses, in der bei genauem Hinsehen eine leichte Mulde zu erkennen ist. Ein Überbleibsel aus der Zeit, als Menschen noch an den Pranger gestellt wurden. „An dieser Stelle war ein Hals- und Handeisen in die Mauer eingelassen, hier wurden Menschen zur Schau gestellt, die kleinere Delikte begangen hatten, also zum Beispiel Händler, die auf dem Markt etwas falsch abgewogen hatten", berichtet der Historiker. „Die Mulde markiert genau jene Stelle, die für den Hinterkopf des Delinquenten gedacht war, wohlweislich für diesen Zweck von einem Steinmetz präzise herausgearbeitet."

Man muss genau hinsehen, dann entdeckt man die kreisrunde Vertiefung.

Jemanden an den Pranger zu stellen, das war eine „Ehrenstrafe", die in den Bereich der niederen Gerichtsbarkeit fiel. Wer am Pranger stand, kam zumindest mit dem Leben davon. Oft waren diese Strafen für die Betroffenen aber dennoch sehr schlimm. „In einer Kleinstadt wie Jena war es eine Art Sozialerziehung, die eben auch soziale und familiäre Folgen haben konnte", sagt Historiker Hill.

Wer hingegen Straftaten beging, die unter die hohe Gerichtsbarkeit fielen, wurde oft zum Tode verurteilt und dann ertränkt, geköpft oder gehängt, um nur einige der Tötungsmethoden des Mittelalters zu nennen. Oft ging den Hinrichtungen eine „peinliche Befragung" voraus. Das bedeutet, dass unter der Folter ein Geständnis erpresst wurde, das die Gepeinigten oftmals nur hervorstießen, um den Qualen ein Ende zu setzen, auch wenn sie unschuldig waren. Diese Delinquenten – und vermutlich auch Unschuldige – ins Jenseits zu befördern, war die wenig angenehme Aufgabe des Scharfrichters.

In Jena wird der erste Scharfrichter 1502 urkundlich erwähnt. „Im Schwörbuche von 1509 tritt uns der Scharfrichter als ‚Meister Georg' entgegen und 1537 hat der hiesige Henker zweimal in der Pflege Eisenberg zu tun: das eine Mal hatte er einen Totschläger (...) zu ‚rädern', das andere Mal einen Uebeltäter zu enthaupten." Koch zufolge wurde 1406 die Richtstätte „Am Galgenberge" genannt, 1480 habe man zwei weitere aufgezählt: das so genannte „alte Gerichte" und die „Fehmstätte im Mühltale". Im 16. Jahrhundert seien als Richtplätze noch „der Markt, der Anger, die Landveste und die Saale an der großen Brücke" dazugekommen. Von diesen Richtstätten wurde lange Gebrauch gemacht: „Noch 1679 wird ein Dieb auf dem Galgenberge gehenkt."

Hinrichtungen waren im Mittelalter ein regelrechtes Volksfest. Von Nah und Fern strömten die Schaulustigen herbei, um den grausamen Akt zu verfolgen. Herbert Koch entrüstete sich: „Wir werden es schwer verständlich finden, daß diese Hinrichtungen in aller Oeffentlichkeit stattfanden, und uns abgestoßen fühlen durch die viehische Sensationslüsternheit, mit der (nicht nur in Jena) die Bevölkerung derartigen Schauspielen zugeschaut hat." Da kann man ihm nur zustimmen.

Eva-Maria Bast

So geht's zur Vertiefung im Stein:

Sie befindet sich am Südosteck des historischen Rathauses. Dieses steht Am Markt 1.

Grenzstein

Von „Küchendörfern“ zu Ortsteilen

Er steht ein wenig verloren – und vor allem von niemandem beachtet – ganz am Rand dicht an einer Hauswand auf dem Bürgersteig, der eckige, behauene Stein. Wenn man ihm dann aber doch Beachtung schenkt, dann entdeckt man etwas Merkwürdiges: Auf der einen Seite ist ein *C*, auf der anderen ein *W* eingemeißelt. Kerstin Keilholz kennt die Geschichte dieses Steins ganz genau: „Er markierte früher die Grenze zwischen Camsdorf und Wenigenjena“, erklärt die Stadtführerin, „deshalb auch das C für Camsdorf und das W für Wenigenjena.“

Die beiden Ortsteile liegen, im Gegensatz zu Jena, auf der östlichen Seite der Saale. „Wenigenjena hat man vermutlich an einer Furt angelegt, die die Saale querte“, erzählt die Jenenserin. Bei der Wenigenjenaer Kirche „Unserer Lieben Frau“ habe man einen Friedhof aus dem 9. Jahrhundert entdeckt. Urkundlich erwähnt wird Wenigenjena aber erst rund 400 Jahre später, 1257. Die erste Nennung von Camsdorf findet sich am 25. April 1369. „Viele Jahrhunderte lang waren Camsdorf und Wenigenjena eigenständige Gemeinden“, sagt Kerstin Keilholz.

Der Autor Dr. Schauer hat den Ortschaften 1846 eine Schrift gewidmet, die mit einer ausgesprochen idyllischen Beschreibung beginnt: „Wenn du, lieber Leser, von Jena aus über die Saalebrücke gehest – was ja Viele in der schönen Jahreszeit zum Vergnügen und zur Erholung täglich thun: so bemerkst du dicht am jenseitigen Ende der Brücke eine Reihe Häuser, die sich am Ufer der Saale hinauf- und hinabziehen.“ Zu Wenigenjena schreibt der Autor, dass es sich um ein „zollfreies Dorf“ gehandelt habe „und ein sogenanntes Küchendorf von Jena, wie Camsdorf. Es ist von den städtischen Abgaben auf den Markttagen in Jena frei. Im J. 1755 wurden (...) hier 45 Häuser nebst 4 neuerbauten Hausstätten, mit Ausschluß des Pfarr=, Schul= und Brauhauses, sowie 54 Unterthanen gezählt, worunter 3 Pferde= und 1

Wird gern übersehen: der Grenzstein.

Ochsen=Anspänner, 40 Hintersättler, 3 Wittwen und 7 Hausgenossen gewesen seyn sollen."

Küchendörfer hatten Naturalabgaben an die kurfürstliche Verwaltung und später Geldzahlungen zu leisten. Dafür bekamen sie Privilegien wie zum Beispiel eine Zollbefreiung. Auch in seiner Beschreibung von Camsdorf hebt Schauer dessen Eigenschaft als Küchendorf explizit hervor. „Vormals hatte der Ort keinen eignen Schulzen, sondern nur einen jährlich wechselnden Vorsteher. Es gehört in das Amt Jena, und wird zur ‚Unterpflege' desselben gerechnet. (...) Es ist das Dorf ein so genanntes Küchendorf, weil es der Herrschaft in der Küche und mit Botenlaufen zu frohnen schuldig war."

„Erst vor ein paar Jahren hat man ihn in einem Privatgarten gefunden und ihn daraufhin wieder auf die ursprüngliche Grenzlinie stellen lassen."

Zu jener Zeit hatte der Grenzstein noch eine Funktion; 44 Jahre nach Erscheinen der Schrift von Dr. Schauer verlor er sie. „Damals fasste der Bezirksausschuss am 22. April 1890 den Beschluss zu einer Zusammenlegung der beiden Ortschaften", erklärt Kerstin Keilholz. Und nochmal 19 Jahre später, 1909, wurden die nun zu Wenigenjena zusammengeschlossenen Dörfer nach Jena eingemeindet.

Der Grenzstein geriet in Vergessenheit. „Erst vor ein paar Jahren hat man ihn in einem Privatgarten gefunden und ihn daraufhin wieder auf die ursprüngliche Grenzlinie stellen lassen", erzählt die Jenenserin, „wenn man genau hinsieht, kann man dank des Steines also erkennen, wenn man eine einstige Grenze überquert", stellt sie fest. Und: „Seit der Stein hier steht, bin ich mir dessen immer bewusst, wenn ich hier vorbeigehe oder vorbeifahre."

Eva-Maria Bast

So geht's zum Grenzstein:

Er steht in Wenigenjena in der Karl-Liebknecht-Straße vor dem Haus Nummer 12.

Hinter Büschen und Sträuchern versteckt steht auf dem Nordfriedhof die Mauer, die 1978 den Hintergrund für die neue Grabstätte von Carl Zeiß bilden sollte. Doch dazu kam es nicht.

35

Hintergrundmauer

Der Grabstein von Carl Zeiß auf Reisen

Die Namen Carl Zeiß, Ernst Abbe und Otto Schott sind in Jena nicht voneinander zu trennen. Die drei Unternehmer, die den Siegeszug der Stadt als deutsches Zentrum der optischen Industrie begonnen haben, bilden auch mehr als 100 Jahre nach ihrem Wirken eine feste Einheit. Nur in einer Sache ist das Triumvirat zersprengt: Während Zeiß (1816-1888) auf dem Jenaer Johannisfriedhof begraben liegt, haben Abbe (1840-1905) und Schott (1851-1935) ihre letzte Ruhe auf dem Nordfriedhof gefunden. „Das liegt einfach daran, dass Zeiß 1888 als erster von den dreien starb, ein Jahr, bevor der Nordfriedhof eröffnet wurde", erklärt der Jenaer Steinmetzmeister Eckart Bock, der sich als Mitglied des Fördervereins des Johannisfriedhofs besonders gut mit den Grabmalen dort auskennt. Er weiß auch, dass Ende der 1970er-Jahre

Wolfgang Biermann, Generaldirektor des Volkseigenen Betriebs Carl Zeiss Jena und Mitglied des Zentralkomitees der SED, diesen Zustand ändern wollte. Und so kommt es, dass noch heute auf dem Nordfriedhof hinter Büschen und Sträuchern verborgen die Hintergrundmauer eines unfertigen Grabes steht. „Hierher sollte die letzte Ruhestätte von Carl Zeiß verlegt werden, nur wenige Meter von dem Grab Ernst Abbes entfernt", erklärt der Handwerksmeister.

Dazu kam es so: Wolfgang Biermann, seit 1975 als Generaldirektor im Zeiss-Werk tätig, wollte den 90. Todestag von Zeiß am 3. Dezember 1978 an dessen Grab mit einer würdigen Gedenkfeier begehen. Doch er hielt weder den Johannisfriedhof, der sich damals in sehr schlechtem Zustand befand, noch die Ruhestätte selbst für angemessen. Also beschloss er kurzerhand, das Grab auf den Nordfriedhof zu verlegen. „Er ließ dort mit der heute noch sichtbaren Hintergrundmauer schon alles vorbereiten und in einer Nacht- und Nebelaktion den Grabstein auf dem Johannisfriedhof entfernen", erinnert Bock an damals. Im Morgengrauen des 18. Oktober 1978 transportierte ein Gabelstapler den Grabstein Richtung Nordfriedhof ab. „Als die zwei Gemeinde-Pfarrer Hans Gellner und Eckhard Schack das Fehlen bemerkten, wussten sie schon, wer schuld daran war. Denn inzwischen waren entsprechende Gerüchte durchgesickert. Aber sie konnten ja schlecht ein Mitglied des Zentralkomitees bei der Volkspolizei anzeigen." Die protestantischen Geistlichen erstatteten stattdessen Anzeige gegen Unbekannt und sorgten für eine Menge Wirbel. Denn ihre Vorwürfe wogen schwer: Störung der Friedhofsruhe, Grabschändung und Diebstahl eines Grabsteines hatten sie als

Steinmetzmeister Eckart Bock zeigt den Zustand des Grabs von Carl Zeiß auf dem Johannisfriedhof, bevor dieses 2016 überarbeitet wurde.

Delikte angegeben. Und es war ja noch Schlimmeres, nämlich die Exhumierung des toten Zeiß, zu befürchten.

Nach und nach wurde bekannt, dass Biermann von langer Hand geplant hatte, Zeiß, Abbe und Schott auf dem Nordfriedhof zu vereinen. Zum einen war er der Meinung, dass die drei auch im Tod als Einheit zusammengehörten. Zum anderen wäre dann auch Carl Zeiß auf einem städtischen und nicht einem kirchlichen Friedhof bestattet gewesen. Die Pfarrer Gellner und Schack schalteten den damaligen Kustos der Friedrich-Schiller-Universität, Günter Steiger, ein, der sich in einem über Nacht verfassten Gutachten gegen eine Verlegung aussprach. Beim Generalkonservator der DDR in Berlin und den zuständigen Ministerien stieß das Schreiben auf Interesse. Sie billigten die „eindeutig rechtswidrige Aktion" Biermanns nicht und bremsten ihn in seinen Plänen aus. „Er behauptete dann, er hätte das Grab neu gestalten lassen wollen", erklärt Bock. „Plötzlich kehrte der Stein also wieder auf den Friedhof zurück, die bereits erstellte Hintergrundmauer auf dem Nordfriedhof blieb ungenutzt."

„Hierher sollte die letzte Ruhestätte von Carl Zeiß verlegt werden, nur wenige Meter von dem Grab Ernst Abbes entfernt."

Heike Thissen

So geht's zur Hintergrundmauer:

Die Hintergrundmauer für das geplante Grab von Carl Zeiß steht auf dem Nordfriedhof (Hufelandweg 4), wenige Meter links neben dem Jugendstilgrabmal für Ernst Abbe im Urnenhain II.

Pfeiler

Heilige Hallen für den Buchdruck

Interessiert schaut André Nawrotzki durch ein Loch in einem Bretterverschlag am Engelplatz. Dahinter verbirgt sich der Zugang zu einer anderen Welt, die Archäologen ab 1997 erkundeten. In den vergangenen Jahren fanden sie dort spannende Spuren unserer Vorfahren. Der geschichtsinteressierte Gästeführer André Nawrotzki blickte den Archäologen oft über die Schulter und weiß: „Hier stand einst das Karmeliterkloster. Unter anderem fanden sich alte Dachziegel unter der Erde, die vom Kloster stammen könnten." In den Gruben neben dem Kloster tauchten sogar größere Mengen an Gefäßen auf, die wahrscheinlich aus einer alten Töpferei kommen.

Heute ist vom Karmeliterkloster, das 1414 gegründet wurde und nur 111 Jahre in dieser Funktion Bestand hatte, nicht mehr viel übrig. Von außen sichtbar ist nur eine Mauer, die knapp 13 Meter lang und rund 3,20 Meter hoch ist. Dahinter verbergen sich die Sakristei mit einem Sternrippengewölbe und Ziegelfußboden sowie der Kapitelsaal mit gotischem Bauschmuck. Nur wer die Steinwand genau anschaut, entdeckt eine Unregelmäßigkeit. „Dieser gemauerte Vorsprung ist der letzte verbliebene Pfeiler des Karmeliterklosters", erklärt Nawrotzki. Jenas Stadtarchäologe Matthias Rupp hat herausgefunden: Dies war der südöstliche Strebepfeiler des ehemaligen Kirchenchors. Insgesamt zehn solcher Stützen wies die Kirche laut seiner Zeichnung auf. So bedeutungslos dieser Pfeiler ohne die restliche Kirche heute ist, so geschichtsträchtig ist doch seine Vergangenheit.

Es gab einst drei Klöster in Jena, die alle nach und nach ihre eigentliche Bestimmung verloren: Das Michaeliskloster der Zisterzienserinnen stand ab 1301 nördlich der Stadtkirche und war von dort aus über einen Durchgang erreichbar (siehe Geschichte 24). Es war ein reiches Kloster für den Zisterzienser-Orden, dem allerdings später das Geld ausging. 1525 wurde es wegen der Reformation aufgelöst und zu einer Schule umgewandelt. Heute ist nichts vom Michaeliskloster übrig.

Hinter diesem Guckloch am Engelplatz 3 verbergen sich die letzten Reste des ehemaligen Karmeliterklosters, das 1414 gegründet wurde.

Das ehemalige Kloster St. Maria und Paul im Südwesten von Jena wurde zwischen 1286 und etwa 1350 gebaut. Zunächst lebten dort Dominikanermönche, bis auch dieses Kloster 1525 aufgrund der Reformation aufgelöst wurde. Kurfürst Johann Friedrich I. (1503-1554) gründete in den alten Mauern 1548 eine Hohe Schule, vor allem um protestantische Geistliche und Lehrer ausbilden zu lassen. „Zehn Jahre später wurde die Hohe Schule zur Universität erhoben, bis 1861 war dies das Hauptgebäude", erzählt Nawrotzki. Jahrhundertelang stapelten sich die Bücher der Universitätsbibliothek im ehemaligen Refektorium der Mönche. Noch heute ist die Anlage unter dem Namen Collegium Jenense bekannt; dort befindet sich unter anderem das Institut für Anatomie der Friedrich-Schiller-Universität.

Auch das Karmeliterkloster „Zum Heiligen Kreuz" hat eine bewegte Geschichte hinter sich: Es gehörte dem Orden „Unserer Lieben Frauen vom Berge Karmel" und war das jüngste unter den drei Jenaer Klöstern. Während seiner Gründung lag es vor den Toren der Stadt in Zweifelbach. Als sich Ende des 15. Jahrhunderts Klagen über den ausschweifenden Lebensstil der Mönche mehrten, wurde das Karmeliterkloster aufgelöst – ebenfalls im Jahr 1525. Die Reformationszeit fiel nämlich zeitlich mit dem Bauernkrieg zusammen: Die Bauern revoltierten, weil die Schere zwischen den wenigen Reichen (dazu gehörten Geistliche) und einem großen Anteil von Armen an der Bevölkerung immer weiter auseinanderging. Studenten, Bürger und Bauern stürmten die Häuser von Domherren und Vikaren. Von solchen Aufständen ist heute freilich nichts mehr zu spüren.

Gästeführer André Nawrotzki zeigt den letzten Pfeiler des ehemaligen Karmeliterklosters, wo später die erste deutsche Lutherbibel gedruckt wurde.

Die Untersuchungen der Archäologen ergaben, dass eigentlich zwei Karmeliterkloster existierten. Die erste Anlage wurde in mehreren

Phasen gebaut und war mit einer Steinofen-Luftheizung versehen. Wohl um 1500 entstand der Komplex neu, etwas nordöstlich des alten Standorts. Den Mittelpunkt der neuen Anlage bildete eine 47 Meter lange Kirche. Die daneben platzierten Klausurgebäude waren prachtvoll ausgestattet und laut Matthias Rupp ein Ausdruck des wirtschaftlichen und religiösen Erfolgs der Karmeliten – bis zur Reformation.

Doch das Gebäude verschwand nicht sofort in der Bedeutungslosigkeit. Im Gegenteil: Das alte Gemäuer schrieb Geschichte. „Ab 1553 fand hier eine Buchdruckerei ihren Sitz", weiß Gästeführer Nawrotzki. Unter der Leitung von Christian Rödinger aus Magdeburg wurde hier ab 1555 die erste zwölfbändige Gesamtausgabe der Werke Martin Luthers gedruckt. Acht Teile waren auf Deutsch geschrieben, vier auf Latein. Die heiligen Hallen wurden aber nicht zu allen Zeiten in Ehren gehalten. Im Dreißigjährigen Krieg (1618-1648) wurden die Jenaer Klöster zu Baumaterial degradiert. Ihre Balken sollten die Stadtmauern befestigen, außerdem bedienten sich die Erbauer städtischer und privater Gebäude an den alten Anlagen und nutzten sie als Steinbruch. 1666 mussten Mauerteile des Karmeliterklosters zum Wiederaufbau eines Bogens der Camsdorfer Brücke herhalten. Dieser war während des Dreißigjährigen Kriegs von den Schweden gesprengt worden. Drei Jahre später wurden Teile des Klosters zum städtischen Gasthaus „Zum gelben Engel" umgebaut. „Noch heute erinnert der Name Engelplatz an diese Zeit", sagt André Nawrotzki und zeigt auf das Straßenschild.

Damit war das Kapitel Karmeliterkloster noch immer nicht beendet. Im 17. Jahrhundert dienten seine Überreste als Glockengießerei, Bücherdepot, Wohnung, Stallung und Lagerraum. Nach und nach wurde das alte Gemäuer abgebrochen, zuletzt 1983. So blieben nur noch die Sakristei und der Kapitelsaal erhalten, beides steht unter Denkmalschutz. Auch der letzte Pfeiler des Klosters trotzt seinem Verschwinden. Ganz unscheinbar hinter einem Bretterverschlag.

Kirsten Schlüter

So geht's zum Pfeiler:

Das Guckloch mit Blick auf die Klosterreste liegt am Engelplatz 3.

Treppenturm

Praktischer Zugang zu den Studentenbuden

Nur weil eine Erklärung naheliegend ist, ist sie noch lange nicht richtig. Daran muss Uta Lörzer im Kollegienhof immer wieder erinnern. „Ich höre ständig, dass der Turm hier im Hof ein Kirchturm ist. Aber das ist schlichtweg falsch. Er war immer das, was er auch heute noch ist: ein Treppenturm", erklärt die passionierte Jena-Kennerin. Hier hingen nie Glocken, die zum Gebet riefen. Hier zeigte nie eine Uhr die Stunde an. Und hier fanden auch nie Gläubige Zuflucht vor Angriffen oder Verfolgung, wie es bei anderen Kirchtürmen der Fall ist. „Nur weil neben ihm viele Jahrhunderte lang ein ehemaliges Kirchengebäude stand, ist er noch lange kein Kirchturm", betont Uta Lörzer mit Blick auf das aufragende Bauwerk in dem malerischen Hof.

Die Geschichte des von Efeu umwucherten Turms geht vielmehr so: Einst stand auf dem Gelände in der heutigen Kollegiengasse das Kloster St. Pauli. 1286 gegründet, war es eine von sechs Einrichtungen des Dominikanerordens in Thüringen. Doch mit der Reformation mussten die Mönche 1525 die Stadt verlassen und siedelten ins knapp 100 Kilometer entfernte Leipzig um. Ihr Kloster stand in den Folgejahren leer. Das kam Johann Friedrich dem Großmütigen von Sachsen (1503-1554), der als Hanfried in die Jenaer Geschichte einging, sehr gelegen. Denn er war im Herbst 1547 auf der Suche nach einem Ort, um eine neue „Hohe Schule" zu gründen. Wenige Monate zuvor hatte der Protestant am 24. April im Schmalkaldischen Krieg (1546/47) gegen den katholischen Kaiser Karl V. (1500-1558) nicht nur die Schlacht von Mühlberg und die Kurwürde verloren, sondern neben großen Teilen seines Territoriums auch seine Universitäts- und Residenzstadt Wittenberg. Jena sollte einen würdigen Ersatz liefern. Seine Söhne kümmerten sich darum, während er seine Haft absaß.

Am 19. März 1548 war es so weit: In den ehemaligen Klostergebäuden öffnete das Akademische Gymnasium seine Tore. Es erhielt

Uta Lörzer sitzt im idyllischen Kollegienhof vor dem mehr als 450 Jahre alten Turm.

fast zehn Jahre später, am 15. August 1557, den Rang einer Volluniversität. „Damit befand sich Jena in guter Gesellschaft: Wie zum Beispiel in Bologna, Siena oder Paris waren hier von nun an die Fakultäten Theologie, Jura, Medizin und Philosophie angesiedelt. Außerdem durften im Collegium Jenense vom Magister bis zum Doktor alle akademischen Grade verliehen werden", erklärt Uta Lörzer die Bedeutung dieser für Jena bis heute so wichtigen Entscheidung.

Spätestens jetzt mussten die ehemaligen Klostergebäude den Ansprüchen einer Lehranstalt angepasst werden. „Außerdem benötigte die neu gegründete Universität dringend billigen Schlafraum für ihre Studenten. Die drohten nämlich schon damit, in andere Städte abzuwandern, wenn sich an den hohen Mieten für ihre Buden nicht schnell etwas ändern würde", fügt Uta Lörzer hinzu.

Erzählt von der Geschichte der Universität Jena: der Treppenturm.

Das hätte für die Einrichtung vielleicht den Anfang vom Ende bedeutet. Also musste die ehemalige Dominikanerkirche herhalten. Unter der Federführung des Landesbaumeisters Nikolaus Gromann wurden in das sakrale Gebäude in den Jahren 1557 bis 1559 drei Zwischendecken eingezogen. So entstand eine Studentenburse mit Platz für 33 Studentenzimmer, die sogar beheizbar waren. „Auf drei Etagen verteilten sich jeweils elf beheizbare Studierzimmer, an die nicht beheizbare Schlafkammern angebaut waren", erklärt Uta Lörzer. In den zwei Zimmern wohnten immer drei Studenten. Damit sie von einem Stockwerk ins nächste gelangen konnten, wurde der heute noch erhaltene Treppenturm angebaut, der schon bald wegen seiner geschlungenen Stufen den Beinamen „Wendelstein" erhielt. Am Palmsonntag 1559 war der Umbau abgeschlossen, die Studenten konnten einziehen und in der ehemaligen Kirche ihre Studien aufnehmen. Denn neben den Wohnräumen befanden sich dort auch Vorlesungsräume und andere Einrichtungen der Universität.

Wenn die Treppensteine reden könnten, hätten sie wohl so manche spannende Geschichte zu erzählen. Die Jenaer Studenten galten in der Stadt als besonders kampfeslustig, vor allem mit dem Degen. Verbotene Duelle nach ausgiebigen Zechgelagen in den Dörfern waren an der Tagesordnung, und so mancher von ihnen wird die Stufen mit einem blutenden Schmiss auf der Wange erklommen haben.

„Außerdem benötigte die neu gegründete Universität dringend billigen Schlafraum für ihre Studenten."

Lange jedoch war der Treppenturm hierfür nicht in Gebrauch. Denn schon in den Jahren 1592 bis 1595 fand der nächste Umbau statt. „Jetzt sollte daraus wieder eine Kirche werden. Die Studenten mussten ausziehen, die Zwischendecken wurden entfernt und es entstand ein Raum für Gottesdienste, Bestattungen und Veranstaltungen der Universität." Dieses Gebäude fiel den Bombenangriffen der Alliierten auf die Stadt am 19. März 1945 zum Opfer. Doch der Turm blieb bestehen und ist noch heute das, was er schon immer war: ein Treppenturm, kein Kirchturm.

Heike Thissen

So geht's zum Treppenturm:

Der Treppenturm steht im Kollegienhof in der Kollegiengasse 10.

Ganz besondere Wandhaken sind in der obersten Fensterreihe an der historischen Gaststätte „Zum Roten Hirsch“ angebracht, wie Verkehrsexperte Konrad Spath erklärt (siehe Bildausschnitt rechts).

38 Rosetten

Viel mehr als nur rostige Haken

Pfadfinder orientieren sich an Spuren im Wald, Kapitäne an den Sternen. Konrad Spath hat eine ganz andere Methode, um sich durch Jena zu bewegen: Er schaut nach oben und sucht nach alten Haken an den Häusern. Auf diese Weise kann er das ehemalige Straßenbahnnetz von Jena nachzeichnen. Denn die Haken, auch Rosetten genannt, dienten und dienen als Halterungen für die Oberleitung. Wer es dem pensionierten Eisenbahningenieur gleich tut, entwickelt schnell den Blick für die Relikte aus alten Zeiten. Allein im Gebiet zwischen dem Mühltal und dem Johannistor sind noch 16 Halterungen erhalten, unzählige weitere in der Innenstadt. „Manche Rosetten sind wunderschön", schwärmt Konrad Spath. „Sehen Sie, hier sind die Dübel von verzierten Metalltellern umrahmt. Die Konstrukteure haben sich Mühe gegeben, Form und Funktion in Einklang zu bringen."

Konrad Spath steht in der Wagnergasse und deutet auf die Häuser mit den Nummern 1, 4, 11, 19 und 25. Überall zeugen die Wandhaken davon, dass in dieser engen Gasse, in der eine Kneipe neben der anderen steht, bis Mai 1969 die Straßenbahn rollte. „Das ist heute unvorstellbar", sagt der Experte. Auch durch die nahe Quergasse fuhr früher „die Bimmel".

Dieser Wandhaken wurde direkt in den Fensterrahmen eingebracht. Im Lehmputz hätte er dem Gewicht nicht standgehalten.

Die ersten Wagen gingen in Jena am 6. April 1901 in Betrieb. Bis dahin war es aber ein langer Weg. „Damals war die Straßenbahn ein Fortschritt im städtischen Nahverkehr", erklärt Spath. Gera nutzte das Verkehrsmittel ab 1892, Erfurt stieg zwei Jahre später ein, Weimar im Jahr 1899. Nur in Jena gingen die Bürger immer noch zu Fuß. Das hatte einen einfachen Grund: „Man wollte keine Konkurrenz zu den stadteigenen Betrieben aufbauen, die aus einem Gaswerk, einer Brauerei und einem Wasserwerk bestanden", erklärt der Fachmann. Das Gaswerk sollte allein für die Energieversorgung zuständig sein. Zwar bewarben sich drei Elektrofirmen in Jena wiederholt darum, das für ein Straßenbahnnetz nötige Elektrizitätswerk zu bauen. Doch sie blitzten allesamt ab. Dabei waren die örtlichen Unternehmen schon längst auf Strom angewiesen. „Schott hatte deshalb eine eigene elektrische Werkbahn, Zeiss betrieb ein Elektrizitätswerk mit Dampf", sagt Konrad Spath und ergänzt schmunzelnd: „Jena war vielleicht manchmal ein bisschen spießig."

Nach längerer Diskussion entschied die Stadt sich doch für ein Angebot aus Berlin. Am 14. Januar 1899 wurde ein Vertrag mit der Berliner Bank unterzeichnet, die ein E-Werk und ein Straßenbahnnetz finanzierte. Dann sollte es schnell gehen. Unter Hochdruck wurden vier Linien gebaut, allerdings litt die Qualität unter der Eile: Die Schienenstücke waren mit Laschen verbunden statt verschweißt, die Ober-leitungen stützten sich meist auf Holzmasten; nur in der Innenstadt gab es Stahlpfeiler und Halterungen an den Wänden, die Rosetten. Mit 17 Trieb- und vier Beiwagen ging die Verbindung von der Zentrale (dort befindet sich heute das alte Straßenbahndepot) über den Holzmarkt bis zur Schubertsburg in der Mühlenstraße am 6. April 1901 in Betrieb. Zehn Pfennig kostete eine Fahrt. „Nur eine Woche später fuhr auch die Linie zwischen dem Saalbahnhof und dem Weimar-Geraer-Bahnhof, der heute Westbahnhof heißt", sagt Konrad Spath, „die Verbindung der Bahnhöfe war ein Hauptgrund für den Bau der Straßenbahn."

Wer genau hinsieht, entdeckt an vielen Häusern solche oder ähnliche Rosetten. Diese befindet sich in der August-Bebel-Straße 13.

Elf Kilometer Gleise umfasste das Jenaer Straßenbahnnetz zu Beginn. „Das war für die kleine Stadt viel, aber es ging ja auch in die Vororte hinaus", erklärt der Experte. So wurden nach und nach Zwätzen, das Mühltal und Jena-Ost angebunden. Die Tram erfreute sich großer Beliebtheit, doch nach dem Ersten Weltkrieg wurde ihre Stilllegung in Betracht gezogen. Die laufenden Kosten waren nicht mehr zu decken, die Inflation machte sich bemerkbar: Mussten Gäste für eine Fahrt im Februar 1920 noch 30 Pfennige bezahlen, waren es im April schon 60 Pfennig und im Mai eine Reichsmark. Der Höchstpreis lag bei acht Reichsmark. Am 19. Oktober 1922 wurde der Betrieb tatsächlich eingestellt, eineinhalb Jahre lang mussten die Jenaer zu Fuß gehen oder die Kutsche benutzen. Erst am 24. Mai 1924 nahm die Straßenbahn wieder ihren Betrieb auf. Zehn Jahre später hatte das Netz mit knapp 20 Kilometern die größte Ausdehnung erreicht. Nach dem Zweiten Weltkrieg erfolgte die erneute Einstellung. „Ab 1948 wurden Linien abgebaut, man brauchte deren Gleise und Weichen an anderer Stelle", sagt Spath.

Ende der 1950er-Jahre herrschte in Jena die Meinung, dass die Straßenbahn als Verkehrsmittel ausgedient habe. Sie behindere den

Autoverkehr in der Stadt und sei zudem teurer als Omnibusse. So wurde die Linie zwischen den Bahnhöfen 1963 eingestellt, die Strecke ins Mühltal 1969. Es folgten die beiden Ölkrisen in den 1970er-Jahren, das Netz wurde doch wieder erweitert und war an einigen Stellen sogar zweigleisig. „Neue Fahrzeuge schaffte man nicht mehr an, aber bis 1990 gab es in Jena wieder etwa elf Kilometer Schienen", weiß Spath. Inzwischen besteht das Netz aus 26 Kilometern Strecke.

„Manche Rosetten sind wunderschön. Die Konstrukteure haben sich Mühe gegeben, Form und Funktion in Einklang zu bringen."

Nach einer kleinen Tour durch die Stadt ist der Experte in der Ernst-Abbe-Straße angekommen und zeigt auf das Haus Nummer 18. Hier sind ebenfalls noch Reste einer Oberleitungsbefestigung zu erkennen. „Ein Anschlussgleis zweigte einst von der Schillerstraße in den Hof der Post ab, weil die Tram auch Briefe und Pakete transportierte", erklärt Konrad Spath. Er geht weiter zur Ecke Engelplatz/Holzmarkt, wo Haken und Rosetten an den Häusern den ehemaligen Streckenverlauf verraten. Der Bahnliebhaber blickt auf das Gasthaus „Zum Roten Hirsch" am Holzmarkt 10 und erklärt: „Der Haken dort oben ist eine Besonderheit, denn er ist direkt im Fensterrahmen befestigt. Das wurde immer dann gemacht, wenn eine Lehmwand das Gewicht der Fahrleitung nicht getragen hätte." Offenbar haben die damaligen Ingenieure richtig gehandelt: Einige der originalen Dübel und Rosetten erfüllen nach über 100 Jahren immer noch ihre Funktion.

Kirsten Schlüter

So geht's zu den Rosetten:

Wer einen Blick nach oben wirft, entdeckt an vielen Stellen im Stadtgebiet Wandhaken und Rosetten. Einige davon sind in der Wagnergasse, der Quergasse, am Johannisplatz und am Gasthaus Zum Roten Hirsch (Holzmarkt 10) zu sehen.

Rätselhaftes Schild – worauf soll es hinweisen?

39

B59

Die Firma Zeiss und ihre Bauten

An was denken Sie, wenn Sie die Abkürzung „B59" hören? An eine Bundesstraße? Weit gefehlt! „B59" in Jena meint etwas ganz anderes. Und dass es wirklich kein Hinweis auf eine Straße ist, das weiß man gleich, wenn man das Schild entdeckt. Es hängt nämlich an einer Stelle, an die der Autofahrer nicht schauen sollte, wenn er keinen Unfall bauen will: Ganz oben am Hochhaus gegenüber dem Jentower. Und es sieht auch nicht aus wie ein Straßenschild. Was aber hat es da zu suchen? Und was hat es zu bedeuten? Wie ein Werbeschild sieht es nicht aus – dazu hängt es zu weit oben und ist zu sehr ins Eck des Gebäudes gedrängt. Und wofür steht überhaupt die Bezeichnung B – oder b – 59? Einer, der es weiß, ist Günter Herzog. Weil er sich gut in der Stadt auskennt und weil er viele Jahre in der Firma beschäftigt war, zu der dieses Gebäude mit dem komischen Schild gehört: Carl Zeiss.

„Es gab in Jena, wo ja die Zentrale von Zeiss war, viele Gebäude, die Firmeneigentum waren", sagt er. „Und die wurden alle mit einem

„B“ für „Bau“ und einer Zahl auf internen Bauunterlagen gekennzeichnet. Die Zahl zeigte jeweils das Baujahr bzw. die geplante Fertigstellung an. „B59 wurde also im Jahr 1959 errichtet“, stellt Günter Herzog fest. In diesem Fall hat man nach der Sanierung in den 1990er-Jahren das „B59“-Schild angebracht, um auch den Wiedererkennungswert der alten Gebäude generell und für alle Zeissianer zu erhöhen. Einige weitere Beispiele: Die alte Zeiss-Gießerei trug die Bezeichnung „B28“, wurde also im Jahr 1928 erbaut. Wie auch „B59“ wird sie heute von verschiedenen Firmen und Institutionen genutzt – im Erdgeschoss von „B28“ ist die Kriminalpolizei zu Hause. Und „B59“ diente von 1959 bis 1989, dem Jahr der Wende, als Forschungsgebäude.

Auch spannend ist „B15“, der auf dem Campus-Gelände der Uni steht. „Es ist das erste solitär gebaute Hochhaus in Deutschland, das in Stahlbetonbauweise errichtet wurde“, sagt Günter Herzog. Und der Jentower hänge ebenfalls mit Zeiss zusammen, wenn er auch keine Nummer trägt, weiß Herzog: „Er wurde in den Jahren 1969 bis 1971 als neues Forschungshochhaus für Zeiss gebaut und 1972 der Universität überschrieben, denn der VEB Carl Zeiß Jena hatte sich finanziell mit Neuinvestitionen übernommen und der Jahresplan von 1971 wurde nur zu 85 Prozent erfüllt. Man zog die Reißleine. Seine interne Bezeichnung war ‚FNB 71‘, dies stand für ‚Forschungsneubau – Fertigstellung 1971‘.“

Der Vollständigkeit halber sei die Zeiss’sche Firmengeschichte hier umrissen: Es ist im Jahr 1846, als Carl Zeiß in der Neugasse 7 in Jena eine feinmechanisch-optische Werkstatt eröffnet. Eine „Großherzogliche Konzession zur Fertigung und zum Verkauf mechanischer und optischer Instrumente“ kann er sein Eigen nennen. Und dann geht es Schlag auf Schlag: 1847 werden die ersten Mikroskope gefertigt, 1852 hat Zeiss zehn Mitarbeiter, 1866 beginnt die Zusammenarbeit mit dem Physikprofessor Ernst Abbe (siehe Geheimnis 27), 1875 sind es 60 Mitarbeiter. Gemeinsam mit Otto Schott bauen Abbe und Zeiss das Glaswerk Schott auf, im gleichen Jahr wird Abbe Teilhaber der Firma Zeiss. Als Carl Zeiß 1888 stirbt, trauern 327 Beschäftige um ihn.

Der Erste Weltkrieg, der für viele Unternehmen ein harter Einschnitt ist, stellt für Zeiss keine große Zäsur dar, ebenso wenig wie der Zweite Weltkrieg, denn Zeiss ist ein wichtiger Lieferant für kriegsrelevante Optiken. Ein dunkleres Kapitel der Geschichte ist die Beschäftigung von Tausenden Zwangsarbeitern im Zweiten Weltkrieg. Und dann die Besatzungszeit: Die sowjetischen Besatzer übernehmen die Kontrolle über die Firma und enteignen sie am 1. Juli 1948. Zeiss wird Teil der Staatsindustrie der Deutschen Demokratischen Republik und firmiert als „VEB Carl Zeiss Jena", wobei VEB für „Volkseigener Betrieb" steht. Und der wächst: In den 1980er-Jahren hat Zeiss in mehreren Städten 25 Betriebe mit bis zu 70.000 Beschäftigten und spielt in der Rüstung für die Sowjetunion eine große Rolle. Später, unter Michail Gorbatschow, rückt dann die Herstellung von Mikrochips in den Vordergrund, auch werden in Jena Projektoren für Planetarien hergestellt. Das Unternehmen schreibt über sich selbst: „Die gewaltsame Spaltung Deutschlands infolge der politischen Verhältnisse nach dem Zweiten Weltkrieg ließ zwei Zeiss-Unternehmen entstehen. Mit der politischen Wende 1989/90 in der ehemaligen Deutschen Demokratischen Republik schlossen sich im Jahre 1990 die beiden Konkurrenten wieder zu einem Unternehmen zusammen. Wieder vereint, wurde die Firma Carl Zeiss stärker als jemals zuvor. Heute blickt man optimistisch und spannungsvoll in die Zukunft."

Immer noch gibt es in Jena die Firma Zeiss. Es wird weiter an dem gearbeitet, was Mitte des 19. Jahrhunderts seinen Anfang nahm. Die Mitarbeiter entwickeln die Idee des Carl Zeiß immer weiter, passen sie immer neuen Bedürfnissen an, machen sich den Fortschritt der Technik zu Nutze. Und in den ehemaligen Firmengebäuden in der Stadt gehen Einzelhändler, Gewerbetreibende und Mitarbeiter ihrer Arbeit nach. Oder Studenten widmen sich wissenschaftlichen Studien. Und an einigen Gebäuden wird durch erklärende Tafeln zum Bau auf die „Bs" mit Nummern hingewiesen.

Eva-Maria Bast

So geht's zu B59:

Das Schild prangt gegenüber dem Jentower ganz oben an einem Hochhaus. Die Adresse von „B59" ist Leutragraben 2.

Ein goldenes N und eine Krone weisen darauf hin, dass Napoleon 1806 auf dem Windknollen war. Das stimmt – dennoch führt der Stein in die Irre, wie Experte Günther Queisser erklärt.

40

Napoleonstein

Ein Denkmal am falschen Ort

„Dort oben auf dem Berge, / Da steht ein grauer Stein, / Er schaut mit ernsten Blicken / Ins deutsche Land hinein. / Einst stand dort eine Wolke / In feuerrotem Schein, / Die sandte schwere Wetter / Ins deutsche Land hinein.“ Mit diesem Gedicht beschreibt der Jenaer Lyriker Wilhelm Treunert (1797-1860) einen Stein auf dem Windknollen, der höchsten Erhebung des Landgrafenbergs. Gleichzeitig spielt der Poet auf ein Ereignis an, das viel Leid über Jena brachte: die Schlacht vom 14. Oktober 1806. In der Nähe des Windknollens, am Dornberg, fügten Napoleon und seine

Truppen den Preußen eine herbe Niederlage bei. Noch heute erinnert ein Stein an diese Geschehnisse. Dass er eigentlich an der falschen Stelle steht, wissen die Wenigsten.

Günther Queisser, pensionierter Maschinenbauingenieur, gehört zu den Eingeweihten. Er und einige Kollegen betreiben ehrenamtlich das „Institut zur militärgeschichtlichen Forschung Jena 1806 e.V." in Cospeda. In ihrem Museum offenbaren sie Details zu den historischen Ereignissen. „Ich interessiere mich schon seit meiner frühen Jugend für Geschichte und besonders für Napoleon und den Oktober 1806", sagt Queisser. „Die Schlacht hier hat schließlich die Ordnung Europas verändert." (siehe Geheimnis 03). So führt er zur Einstimmung in das kleine Museum und anschließend zum Napoleonstein auf dem Windknollen. Etwa eine Viertelstunde dauert der Fußmarsch. Schnell wird deutlich, woher die Anhöhe ihren Namen hat: Unablässig pfeift der Wind jenen um die Ohren, die sich zum ehemaligen Schlachtfeld begeben. Plötzlich eröffnet sich ein wundervoller Blick über Jena. Dort, wo die Ebene in einen steil abfallenden Hang übergeht, steht der Napoleonstein. „Hier ist das Datum 14. Oktober 1806 eingraviert, darüber befinden sich der goldene Buchstabe N und eine Krone", sagt Queisser. „Das soll verdeutlichen, dass Napoleon in der Nacht vor der Schlacht an genau dieser Stelle sein Zelt aufgebaut hat." Dann fügt der Experte an: „Das ist aber Quatsch. Inzwischen weiß man, dass sich seine Unterkunft einige hundert Meter hangabwärts befand."

Die Inschriften auf allen vier Seiten des Steins weisen auf Napoleon hin, der hier die Preußen 1806 mit seinen Truppen vernichtend schlug.

Napoleons Zelt kann gar nicht auf der Anhöhe des Windknollens gestanden haben kann: Erstens war das Plateau für des Kaisers Zelt und die Hütten seines Gefolges vom 40. Regiment viel zu klein. Und zweitens ist es nicht sehr wahrscheinlich, dass Napoleon ausgerechnet dort sein Lager aufgebaut hat, wo die Preußen ihn am ehesten entdeckt hätten. Er brauchte eine geschützte, ausreichend große Fläche. „Die fand er dort am Waldrand", erklärt Günther Queisser und deutet hinunter auf Baumreihen, die damals allerdings noch nicht dort standen. Doch wo auch immer der Kaiser biwakierte – die Stelle, an dem heute der Stein an ihn erinnert, hat er in jedem Fall betreten. Von hier aus kommandierte er anfangs seine Truppen, die auch in der Stadt viel Leid anrichteten. Der Theologe Johann Jakob Griesbach (1745-1812) gab in einem Brief von November 1806 an seine Freunde davon Zeugnis: „Diese Nacht, vom 13. auf den 14. war unbeschreiblich schrecklich. Zwei große schlagfertige Armeen einander und uns so nahe, immerzu durchziehend Cavalerie, und mit dieser fast gleichen Schritt haltende Infanterie, Artillerie und Munitionswagen; (…) häufige Schüsse, vor, auch in der Stadt; öfteres Krachen aufgebrochener Thüren, und Schreien der Menschen in den Häusern; – und mitten unter diesem Toben der fürchterliche Ruf: Feuer! Das (…) ängstliche Flüchten ganzer Familien in der Nacht, ohne daß ein Mensch wußte, wo aus? und wohin? (…) gewiß, dies alles zusammentreffend, war im äußersten Grade furchtbar."

„Hier auf der Kuppe, mit dem schönen Blick ins Tal, macht der Napoleonstein sich einfach gut."

Napoleons Truppen waren der überforderten preußischen Armee deutlich überlegen, nicht nur zahlenmäßig. „Der Kaiser hatte seine Soldaten in der Nacht mühsam die Artillerie den Berg hochziehen lassen", erzählt Queisser. Der frühmorgendliche Angriff überraschte Napoleons Gegner. „Das preußische Heer war zudem überhaupt nicht sortiert", sagt der Geschichtskenner. Zur selben Zeit fand im rund 30 Kilometer entfernten Auerstedt eine zweite Schlacht statt. Obwohl das Heer der Preußen dort viel größer war als das der Franzosen, verlor es auch diesen Kampf.

Am 7. Oktober 1808 kehrte Napoleon an die Kampfstätte zurück. Anlass war der Erfurter Kongress, bei dem sich der Kaiser mit dem Zaren Alexander I. von Russland (1777-1825) traf, um über die künftige Aufteilung der Weltherrschaft zu verhandeln. Die Kongressteilnehmer besichtigten das ehemalige Schlachtfeld bei Jena. Für die Gäste war ein dorischer Tempel errichtet worden – nahe der Stelle, wo heute der Napoleonstein steht. „Napoleon hat diesen Tempel nie betreten", weiß Queisser, „er vermutete dort nämlich eine Falle."

Dass der Standort des Napoleonsteins auf einem Irrtum beruht, darüber sieht der Heimatkenner pragmatisch hinweg: „Hier auf der Kuppe, mit dem schönen Blick ins Tal, macht er sich doch einfach gut", sagt er und lacht. Außerdem stand an derselben Stelle schon länger ein Stein. Ursprünglich war er Teil einer Grenzmarkierung. Nach der Schlacht deutete das Volk seine Bestimmung kurzerhand um. Als der erste, verwitterte Stein um 1900 durch nächtlichen Unfug verschwand, musste ein Nachfolger her. Dieser war weiß und trug die Inschrift *Napoleonstein 14. Oktober 1806.* Darüber befanden sich die Buchstaben *St. J.* und die Zahl *15* (die Nummer des Grenzsteins), auf der Rückseite ein *C.* Daraus lässt sich schließen, dass der Stein zu jener Zeit weiterhin die Grenze zwischen der Stadt Jena und Cospeda verdeutlichte. Auch dieses Exemplar ist inzwischen verschwunden: Nach dem Zweiten Weltkrieg befand sich auf dem ehemaligen Schlachtfeld ein Truppenübungsplatz der Sowjetunion. „Als die Russen abzogen, war der Stein weg", so Queisser. Die aktuelle Nachbildung stammt von 1992. An eine Markierung der Grenze erinnert sie gar nicht mehr, dafür an eine wechselvolle Beziehung zum französischen Kaiser. Auf einer Seite des Denkmals steht ein Spruch von Golo Mann (1909-1994): *In Deutschland labte man sich an größerem Hasse wie an heißerer Bewunderung Napoleons ein gutes Jahrhundert lang.*

Kirsten Schlüter

So geht's zum Napoleonstein:

Im Ort Cospeda am Reiterhof (Mühlenweg) das Auto stehen lassen und eine Viertelstunde lang auf dem Windknollen laufen. Der Weg führt zum Napoleonstein. Festes Schuhwerk ist von Vorteil!

Gold-Rot-Schwarz? Hängt die Fahne falsch herum?

41

Fahne

Gold-Rot-Schwarz ist nicht unbedingt falsch

Da hat wohl jemand nicht aufgepasst und die Flagge falsch herum gehisst, mag man sich denken, wenn man die Deutschlandfahne betrachtet, die hinter der Camsdorfer Brücke in Jena auf dem Gasthaus „Grüne Tanne" weht. Und das tagein, tagaus. Schließlich ist die Deutschlandflagge – von oben nach unten – schwarz, rot, gold. Und nicht gold, rot, schwarz, wie das bei der Fahne auf dem Jenaer Gasthaus der Fall ist. „Das hat schon seine Richtigkeit", schmunzelt Kerstin Keilholz, die sich bestens in ihrer Heimatstadt auskennt. Und wo, wenn nicht in Jena, wüsste man das besser. Schließlich, sagt die Gästeführerin, seien die Nationalfarben Schwarz – Rot – Gold hier entstanden.

„Aber ich erzähle die Geschichte am besten von Anfang an“, findet Kerstin Keilholz und beginnt mit den Uniformen des Lützow'schen Freikorps. „Sie hatten genau diese Farben: Eine schwarze Uniform, rote Samtaufschläge und goldene Knöpfe.“ Allerdings hatte man sich für das Schwarz vor allem aus praktischen Gründen entschieden: Studenten aus ganz Deutschland scharten sich um Major Adolf von Lützow (1782-1834) und sein Lützow'sches Korps der Preußischen Armee, um 1813 gegen die Besatzung durch die napoleonischen Truppen zu kämpfen. Entsprechend kunterbunt waren die Uniformen. Alle neu auszustatten, wäre zu teuer gewesen und hätte wohl auch seine Zeit gedauert, deshalb wurden die unterschiedlichen Uniformen einfach einheitlich schwarz eingefärbt. Goldene Knöpfe und rote Aufschläge aus Samt – fertig war der Waffenrock, der obendrein in den Farben des Heiligen Römischen Reichs gestaltet war!

Knapp zwei Jahre später, am 12. Juni 1815, schlossen sich Jenaer Studenten, die teilweise Mitglieder der verschiedenen Landsmannschaften gewesen waren, zur „Burschenschaft zu Jena“ zusammen und bestimmten die Farben Schwarz und Rot zu den ihren. Die Gründung dieser Urburschenschaft fand übrigens in der „Grünen Tanne“ statt. „Hier haben sich die Studenten von jeher gern aufgehalten“, sagt Kerstin Keilholz augenzwinkernd. „Früher lag das Gasthaus noch außerhalb der Stadt und die Studenten waren so vor der universitären Gerichtsbarkeit sicher. Hier konnte man also auch mal was anstellen, ohne gleich in den Karzer zu müssen (siehe Geheimnis 48). Wobei die Annahme, die Burschenschaft habe sich aus genau diesem Grund auch in der „Grünen Tanne“ gegründet, nicht zutrifft, denn die Studenten wurden in ihrer Intention von der Universität unterstützt. Sie wollten eine Burschenschaft für alle Studenten gründen. „Damals waren die Studenten vor allem in Landsmannschaften organisiert, jede von ihnen war regional und auf eine Universität bezogen“, erläutert Keilholz.

Die Jenaer Studenten dachten weiter, freier, offener. Bis zum Vormärz, also den Jahren vor der Märzrevolution 1848, war es 1815 zwar noch eine Weile hin, aber der Wunsch nach einem Ende der Kleinstaaterei und der Zersplitterung des Deutschen Reichs in zahlreiche Fürstentümer war auch damals schon geboren. In den Landsmannschaften, die in unzählige regionale Verbände untergliedert waren, sahen die Jenaer Studenten ein Symbol jener Zersplitterung. Also wurden die Landsmannschaften Thuringia, Vandalia, Franconia, Saxonia und Curonia an jenem 12. Juni 1815 aufgelöst und die Jenaische Urburschenschaft gegründet. In der Verfassungsurkunde steht zu lesen: „Erhoben von dem Gedanken an ein gemeinsames Vaterland, durchdrungen von der heiligen Pflicht, die jedem Deutschen obliegt, auf Belebung deutscher Art und deutschen Sinnes hinzuwirken, hierdurch deutsche Kraft und Zucht zu erwecken, mithin die vorige Ehre und Herrlichkeit unsres Volkes wieder fest zu gründen und es für immer gegen die schrecklichste aller Gefahren, gegen fremde Unterjochung und Despotenzwang zu schützen, ist ein Teil der Studierenden in Jena zusammengetreten und hat sich beredet, eine Verbindung unter dem Namen einer Burschenschaft zu gründen."

Kerstin Keilholz weiß: Diese Deutschlandfahne steht mit Absicht auf dem Kopf.

Und die Farben der Deutschlandfahne? Waren auch die der 1818 gegründeten Allgemeinen Burschenschaft. Zuvor hatte man die am 31. März 1816 für die Jenaische Burschenschaft von den Frauen und Jungfrauen Jenas gestiftete Fahne auf dem Wartburgfest am 18. Oktober 1817 erstmals vorangetragen. Als die Burschenschaft durch die Karlsbader Beschlüsse im September 1819 verboten wurde, schrieb Daniel August von Binzer das Lied „Wir hatten gebauet ein stattliches Haus", in dem es heißt: „Das Band ist zerschnitten / war Schwarz, Rot und Gold / und Gott hat es gelitten / wer weiß was er gewollt!"

„Man kann sagen, dass die Farben Schwarz, Rot und Gold die Symbolfarben für die Bewegung der Demokratie wurden", kommentiert Keilholz. 1832 wurde zum ersten Mal die Fahne mit den Farben Gold, Rot und Schwarz auf dem Hambacher Fest gezeigt. „Die schwarze Farbe befand sich unten", bekräftigt sie.

Das Hambacher Fest war ein wichtiges Ereignis: 30.000 Menschen kamen zusammen, um für nationale und demokratische Werte zu demonstrieren. Ihr Ziel war die Errichtung eines Nationalstaats. Die drei Farben etablierten sich in der Folgezeit immer weiter, und als die Abgeordneten der Nationalversammlung nach der 1848er-Revolution am 18. Mai 1848 als erste deutsche Volksvertretung in die Paulskirche in Frankfurt einzogen, verkündete man die Farben Schwarz, Rot und Gold als deutsche Flagge. Als die Revolution scheiterte, verschwand sie jedoch wieder. Während des Deutschen Kaiserreichs – also von 1871 bis 1918 – hatte Schwarz-Rot-Gold Pause und musste Schwarz-Weiß-Rot weichen, 1919 kehrte sie zurück und wurde im Nationalsozialismus von der unerfreulichsten Fahne abgelöst, die Deutschland je hatte, um dann, nach Ende des Zweiten Weltkriegs, als Nationalflagge zurückzukehren. Allerdings nicht sofort, denn die Siegermächte verboten zunächst alle Nationalflaggen. Als am 23. Mai 1949 das Grundgesetz in Kraft trat, wurde – nach langen Diskussionen – die Flagge der Bundesrepublik Deutschland festgelegt. „Die Bundesflagge ist schwarz-rot-gold", heißt es in Artikel 22. Auch in der DDR wählte man diese Farben als Staatsflagge und ergänzte sie 1959 mit einem Staatswappen.

Die Farben der Deutschlandfahne kommen also aus Jena. Und in der „Grünen Tanne" befindet sich seit 1993 das Verbindungshaus der immer noch aktiven Burschenschaft „Arminia auf dem Burgkeller".

Schön und gut, aber warum steht die Fahne auf dem Kopf? Kerstin Keilholz kann es erklären: „Früher wurde sie so gehisst, dass sich das Gold oben befand. Bei der in Jena gegründeten Burschenschaft las man nämlich die Farben der Flagge von unten nach oben und nicht, wie es heute üblich ist, von oben nach unten."

Und deshalb weht auf der „Grünen Tanne", dem Gründungsort der Urburschenschaft, eine gold-rot-schwarze Fahne.

Eva-Maria Bast

So geht's zur Fahne:

Die Fahne weht auf dem Gründungsort der Urburschenschaft, dem Gasthaus „Grüne Tanne" in Jena-Wenigenjena, Karl-Liebknecht-Straße 1. Sie ist von der Camsdorfer Brücke aus gut zu sehen.

Für Ortsteilbürgermeister Kristian Philler ist die Ruine des Schlossturms ein wichtiges Stück Jenaer Geschichte.

42

Rundturm-Ruine

Herzöge und Studenten auf engstem Raum

Für Kristian Philler ist dieser Ort ein ganz besonderer in der Stadt. Wenn er auf dem Halbrund aus rechteckigen Steinquadern sitzt, hat er fast 700 Jahre Geschichte unter sich, mehr als 100 Jahre Geschichte hinter sich und befindet sich trotzdem mittendrin im modernen Jena. „Die Steine unter mir sind die letzten Reste des Rundturms des herzoglichen Schlosses, das einst hier stand", erklärt der Ortsteilbürgermeister für Jena-Zentrum. Die Steine hinter ihm gehören zum Hauptgebäude der Friedrich-Schiller-Universität, einem Neubau aus den ersten Jahren des 20. Jahrhunderts, für den das Schloss 1905 weichen musste. Eine unscheinbare Bronzeplatte an der Mauer weist darauf hin.

Schon von Berufs wegen interessiert Kristian Philler alles, was mit Jena zu tun hat. „Der Rundturm stammte vermutlich aus dem 13. oder 14. Jahrhundert", überlegt er. Das Schloss und seine Gebäude entstanden im 17. Jahrhundert. Daran lässt sich erkennen, dass es keine architektonische Einheit bildete, sondern aus verschiedenen Gebäudekomplexen aus unterschiedlichen Epochen zusammengesetzt war. Erst stand dort eine Wasserburg, dann ein Schloss, das mehrmals erneuert wurde (siehe Geheimnis 50). Mit Herzog Wilhelm IV. (1598-1662) erhielt das Areal ab 1659 sein Aussehen, das es bis Anfang des 20. Jahrhunderts behielt. Am Ende bestand das Schloss aus Elementen der Gotik, der Renaissance, des Barock bis hin zum Klassizismus. Als Weimar 1572 Hauptresidenz des Herzogtums Sachsen-Weimar wurde, wurde das Schloss in Jena zur Zweitresidenz. Während der 18 Jahre des Herzogtums Sachsen-Jena (1672-1690) war es gar Hauptsitz.

Neben der herzoglichen Familie gab es vor allem einen Schlossbewohner von Rang und Namen: Weil der Dichter Johann Wolfgang von Goethe (1749-1832) bei seinen Jena-Besuchen keinen eigenen, festen Wohnsitz hatte, bezog er überwiegend im Schloss Quartier. Es war ein kleines, einfaches Zimmer im oberen Stockwerk, doch es befand sich in unmittelbarer Nähe zur Mineralogischen Sammlung und wichtigen Teilen der damaligen Universitätsbibliothek.

„Als das Schloss 1905 abgerissen wurde, weil dort der Universitäts-Neubau entstand, waren die Jenaer nicht wirklich traurig", sagt Kristian Philler. Zu heruntergekommen war die Anlage, als dass man ihr wieder zu Glanz und Ausstrahlung hätte verhelfen können. Gut möglich, dass die letzten Maßnahmen zur Instandhaltung noch zu Goethes Lebzeiten vorgenommen worden waren. „Die Substanz war größtenteils so marode, dass sie als Schutt abtransportiert wurde", fügt der Stadtteilbürgermeister hinzu. Umso mehr freut er sich darüber, dass die Fundamentmauern des Rundturmes heute noch an Ort und Stelle stehen und der Ort nicht mehr von Herzögen, sondern von Studenten genutzt wird.

Heike Thissen

So geht's zur Rundturm-Ruine:

Die Schlossturm-Ruine befindet sich direkt neben dem Hauptgebäude der Jenaer Universität an der Ecke Fürstengraben/Löbdergraben.

Am Stadtspeicher beginnt der Jenaer Planetenweg.

43

Planetenweg

Auf den Spuren unseres Sonnensystems

Eines Tages stolperte ein Jenaer Astronomieprofessor über die Venus. Das kam für ihn nicht nur recht unvermittelt, sondern der Wissenschaftler machte dabei sogar eine überraschende Entdeckung, die ihn in ganz neue Dimensionen führte. Das kam so: Der Professor ging bei Nieselregen an der Stadtkirche entlang und rutschte aus. Als er sich wieder berappelt hatte, fand er als Ursache eine in den Boden eingelassene Informationsplatte. Darauf stand: „Venus. Entfernung zur Sonne: 140 Meter“. Wie das? Der Abstand zwischen Sonne und Venus beträgt doch 108 Millionen Kilo-

Das Schild am Steinquader neben dem Eingang zur Tourist-Information weist auf den Planetenweg hin.

meter? Nicht in Jena! Denn der Astronomieprofessor hatte bei seinem „Ausrutscher" eine Station des Planetenwegs entdeckt. Dieser bietet eine Wanderung durch unser Sonnensystem im Kleinformat.
Schmunzelnd erzählt André Nawrotzki, der den Astronomieprofessor schon lange kennt, diese Anekdote. Er weiß auch, dass nicht nur der Wissenschaftler über die Infotafel staunte. „Nur sehr wenige Jenaer kennen den Planetenweg", sagt Nawrotzki. Ausgangspunkt für den Spaziergang im Universum ist der Stadtspeicher am Markt 16. „Dort oben in der vierten Etage hängt eine Kunstsonne aus Papier und Lichtfäden, die auf Anfrage nachts leuchtet", erläutert der Gästeführer. „Gestaltet hat sie die Künstlerin Anke Neumann." Das Kunstwerk mutet sehr filigran an; die echte Sonne dagegen beeindruckt durch gigantische Zahlen: Sie hat einen Durchmesser von 1,4 Millionen Kilometern, das ist das 109-Fache der Erde. Der Stern ist 330.000 Mal so schwer wie unser Planet, die Temperatur an der Oberfläche wird mit etwa 5500 Grad Celsius angegeben. Acht Planeten hat die Sonne, die sich teilweise in Milliarden Kilometern Entfernung zu ihrem Zentrum befinden. Um diese Dimensionen fassbar zu machen, wurde der Jenaer Planetenweg erdacht.

Ausgehend von der Papiersonne im Stadtspeicher haben die Erschaffer maßstabsgetreue Kreise auf dem Stadtplan gezogen und markante Punkte für die acht Planeten gefunden. „Das war 2010 ein Kunstprojekt des Vereins Stadtspeicher Jena, der Friedrich-Schiller-Universität, des Zeiss-Planetariums und der Jenaer Wirtschaftsförderungsgesellschaft", erklärt André Nawrotzki, „die Idee dazu hatte Roman Rösener vom Theaterhaus." Damit alle Planeten in erreichbarer Nähe von der Papiersonne sind, wurde der Maßstab 1 zu 695.000.000 gewählt. Wer sich in „Lichtgeschwindigkeit" im Jenaer Sonnensystem bewegen möchte, darf nur 1,5 Kilometer pro Stunde zurücklegen. Zum Vergleich: Als normales Schritttempo wird eine Geschwindigkeit von einem Meter pro Sekunde oder 3,6 Kilometern pro Stunde angenommen.

Solche Schilder befinden sich an neun Stellen in Jena: Am Ausgangspunkt des Planetenwegs (Sonne) sowie bei den acht Planeten.

Als Ganzes sichtbar ist der Planetenweg nicht, dafür liegen die einzelnen Stationen zu weit auseinander. Und man muss auch wissen, wo die Punkte zu finden sind, um im All zu wandeln. André Nawrotzki kennt sich aus und führt mit „Lichtgeschwindigkeit“ zur ersten Station. Nach 3,2 Minuten erreichen die Spaziergänger den Merkur am historischen Rathaus. 68 Meter ist er von der Papiersonne entfernt – im Universum entspricht dies 58 Millionen Kilometern. Der Gästeführer hält inne. „Wussten Sie eigentlich, dass die Namen der Wochentage von den Planeten abgeleitet sind, die selbst als Götter angesehen wurden?“, fragt er. Für den Montag stand der Mond Pate. Der Kriegsgott Mars gab dem Dienstag als dies martis seinen Namen. Im Französischen ist dies als *mardi* nachvollziehbar. Mittwoch ist der Tag des Merkur, auf Französisch *mercredi*. Im Deutschen wurde dieser Tag ganz pragmatisch zur Mitte der Woche erklärt. Jupiter regiert am Donnerstag: Im französischen *jeudi* ist dies noch ersichtlich. Die Germanen machten statt Jupiter den Wettergott Donar für Blitz und Donner verantwortlich. Freitag war bei den Römern *dies veneris*, Tag der Venus (französisch *vendredi*). Die Germanen ersetzten die Venus durch ihre Göttin Freya. Dass Saturn für den Samstag zuständig ist, lässt sich am englischen *saturday* erkennen. Und die Sonne steht Pate für den letzten Tag der Woche, der früher der erste war.

Vom Merkur aus ist Station 2 gut zu Fuß zu erreichen: die für den Professor verhängnisvolle Venus an der Stadtkirche St. Michael. Weiter geht's zum Universitätshauptgebäude am Fürstengraben. Dort befindet sich der Planet, der uns am besten vertraut ist: die Erde. Nur 8,3 Minuten dauert der Marsch dorthin, 192 Meter müssen zurückgelegt werden. „Noch eine weitere Station können wir zu Fuß erreichen“, sagt André Nawrotzki. „Würden wir zur Papiersonne zurückkehren, bräuchten wir von dort aus 12,5 Minuten in maßstabsgetreuer Lichtgeschwindigkeit bis zum Mars.“ Doch der Gästeführer nimmt

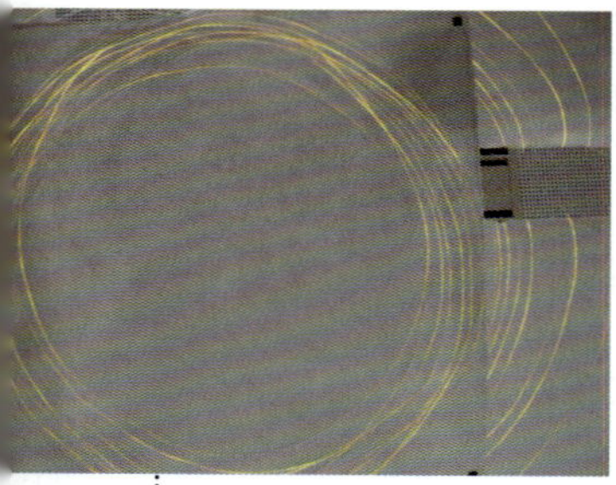

So schön leuchtet die Papiersonne im Stadtspeicher. Sie ist ein Werk der Flächengestalterin Anke Neumann.

den direkten Weg von der Erde aus und führt zum Zeiss-Planetarium. Das rote Gestirn ist der letzte innere Planet des Sonnensystems. Für die vier verbleibenden Punkte im äußeren Bereich empfiehlt sich ein fahrbarer Untersatz. Wer doch zu Fuß gehen und dabei die Lichtgeschwindigkeit nachvollziehen möchte, braucht von der Sonne bis zum Jupiter am Angergymnasium in Wenigenjena 43 Minuten für die 1,2 Kilometer Entfernung.

Der sechste Punkt des Planetenwegs wiederum hat mit Carl Zeiss (1816-1888) zu tun: Am Zeiss-Kuppelgebäude ist Saturn zu finden, gute zwei Kilometer von der Papiersonne entfernt. „Zwei Stationen haben wir noch", sagt André Nawrotzki. „Zwei Stunden und 40 Minuten müssten wir in Lichtgeschwindigkeit von der Sonne aus laufen, um zu Uranus an der Lobdeburg-Schule zu gelangen." Gute vier Kilometer ist der grünliche Planet vom Stadtspeicher entfernt. Den Abschluss des Jenaer Planetenwegs bildet der blaue Neptun am Observatorium in Großschwabhausen, in 5,8 Kilometern Abstand von der Papiersonne. In der Galaxie entspricht dies einer Entfernung von 4,5 Milliarden Kilometern. „Das sind unvorstellbare Größen", sagt André Nawrotzki ehrfürchtig. „Zum Glück ist der Jenaer Planetenweg so überschaubar." Wer nicht wie eine Schnecke in der umgerechneten Lichtgeschwindigkeit kriechen will, erreicht die acht Stationen sogar noch schneller. Eine himmlische Erfahrung.

Kirsten Schlüter

So geht's zum Planetenweg:

Der Ausgangspunkt ist die Sonne. Sie befindet sich im vierten Stock des Stadtspeichers Am Markt 16. Von dort aus sind die acht Planeten in maßstabsgetreuer Entfernung bis hin zum Observatorium in Großschwabhausen angeordnet.

Die geschliffene Kante dieses Steins gibt zunächst Rätsel auf. Dabei ist die Lösung ganz einfach.

44

Pflastersteine

Stumme Zeugen der Verkehrsgeschichte

Auf dem Parkplatz vor dem Westbahnhof liegt ein Mosaik. Zu erkennen ist es nur für Eingeweihte, denn das Muster ergibt kein sinnvolles Bild. In unregelmäßigen Abständen tanzen Pflastersteine aus der Reihe. Sie haben keine glatt geschliffene Oberfläche, sondern weisen an einem Rand tiefe Rillen auf. Woher kommen diese Furchen? Und warum sind diese Steine auf einem Bahnhofsparkplatz eingearbeitet? Konrad Spath kennt die Antwort. Er ist nicht nur Jenenser, sondern zudem pensionierter Eisenbahningenieur und leidenschaftlicher Straßenbahnliebhaber. Der Experte erklärt:

„Die Quader säumten einst die Straßenbahnlinie. Durch die jahrzehntelange Vorbeifahrt der Räder, die daran rieben, schliffen die Steine einseitig ab." Die Straßenbahn, zur Einführung im Jahr 1901 eine echte technische Errungenschaft, kam in den 1950er- und 1960er-Jahren aus der Mode (siehe Geheimnis 38). So wurden in Jena zwischen 1963 und 1969 einige Abschnitte stillgelegt. Die zerfurchten Steine landeten beim Abbau der Gleise aber nicht im Müll, sondern zeugen noch heute von einer anderen Vergangenheit.

Einfach nur Pflasterstein an Pflasterstein? Nein! Straßenbahn-Experte Konrad Spath hat hier Spurrillen der ehemaligen Straßenbahnlinien gefunden.

Konrad Spath suchte nach weiteren Relikten des Straßenbahnnetzes. Zunächst führt er vor den Saalbahnhof. „Hier ist der Rest eines Mastfundaments zu sehen", sagt er und deutet auf ein längliches, unebenes Gebilde. „An dieser Stelle wurde 1912 ein Gleis verlegt, als ein Pferdefuhrwerksbesitzer sich mit dem Elektrizitätswerk überworfen hatte und die Lieferung von Kohlen nicht mehr zuverlässig war", erzählt Spath. Für die Güter entstand eine eigene, knapp 600 Meter lange Zufuhr auf Schienen.

Ein nicht ganz so gut erhaltenes Mastfundament fand Konrad Spath in der August-Bebel-Straße. Vor der Hausnummer 13 deutet der Jenenser auf den breiten Grasstreifen neben dem Bürgersteig. Hier verkehrte 68 Jahre lang eine Straßenbahnlinie. Die Tram mit den grünen Waggons fuhr vom Steinweg über den Johannisplatz durch die Bachstraße, die Quergasse und die Wagnergasse auf die Kaiser-Wilhelm-Straße (heute August-Bebel-Straße) stadtauswärts bis zur Papiermühle. „Auf der Mühltalstrecke kam es im Februar 1903 zu einem spektakulären Unfall", erzählt Konrad Spath. Zwei verschiedene Versionen werden zu dem Ereignis erzählt, das auf alten Fotos festgehalten ist. Die erste geht so: Eine Dame mit Nachnamen Gundermann hatte es eilig und wollte aus dem Mühltal in die Stadt fahren. Sie stieg in die Straßenbahn. Als diese nicht gleich losfuhr, lenkte die Dame den Triebwagen selbst in Richtung Stadt. An der Ecke Wagner-/Quergasse wurde dieser zu schnell und kippte auf der abschüssigen Straße um. „Frau Gundermann hatte jedenfalls gezeigt, daß auch eine Frau den Mut aufbringt, eine Straßenbahn zu fahren. Aber man muß es erst mal können, der Mut allein macht es nicht", ätzte ein Journalist 1957, als er an den Unfall von vor 54 Jahren erinnerte.

Die zweite Version der Geschichte steht in der Jenaischen Zeitung vom 4. Februar 1903, dem Folgetag des Unfalls: „Als gegen 11 Uhr ein Motorwagen der elektrischen Straßenbahn der Papiermühlen-Linie in die Nähe der Villa Nössig kam, traf er auf das Geschirr eines Landwirtes, dessen Pferd scheute und die Deichsel zerbrach. Der Führer des Motorwagens, in dem sich eine ältere Frau befand, bremste alsbald und sprang vom Wagen, um dem Geschirrführer das Pferd beruhigen zu helfen. Währenddem setzte sich der Motorwagen, dessen Bremse sich dadurch gelockert haben mochte, daß die Insassin mit ihrem Korb an die Bremse geraten war, infolge des Gefälles rückwärts nach der Stadt in Bewegung. Der Wagenführer versuchte nachzuspringen und rief der auf dem Wagen befindlichen Frau zu, die Bremse zuzudrehen, doch scheint diese gerade umgekehrt in der Aufregung die Bremse noch weiter aufgedreht zu haben." Bei beiden Geschichten kommt Frau Gundermann nicht gut weg, aber mit dem Schrecken davon.

„Auf der Mühltalstrecke kam es zu einem spektakulären Unfall, der in die Jenaer Verkehrsgeschichte einging."

In den darauffolgenden Jahren gab es auf der Mühltalstrecke keine großen Zwischenfälle mehr. „Am 30. Mai 1969 um 23.45 Uhr endete der Straßenbahnverkehr auf dem Abschnitt", weiß Konrad Spath. Einen Tag später nahm die Buslinie 16 ihren Betrieb auf, die Tramverbindung geriet in Vergessenheit – wäre da nicht ein Mastfundament im Gras.

Kirsten Schlüter

So geht's zu den Pflastersteinen:

Vor dem Westbahnhof befindet sich der Parkplatz, auf dem die abgeschliffenen Quader verstreut sind. Am besten sind sie auf dem südlichen Parkstreifen zu entdecken.

ZIERLICH DENKEN,
UND SUESS ERINNERN,
IST DAS LEBEN
IM TIEFSTEN INNERN.

Adlermonument

Ein Goethe-Denkmal, das gar keines ist

Da steht es in Stein gemeißelt: *Goethe-Denkmal 1821 / Neu aufgestellt 28. August 1974 / Am 225. Geburtstag Goethes.* Der 2,40 Meter hohe steinerne Sockel mit dem Inschriftenblock aus Gusseisen und dem beeindruckenden Adler im Griesbach'schen Garten ist also dem Dichterfürsten (1749-1832) gewidmet. Das liegt ja auch nahe, hat er doch ab 1775 viel Zeit in Jena und vor allem in dieser Sommerresidenz verbracht. „Dieses Monument ist als das erste Goethe-Denkmal der Welt in die Geschichte eingegangen", sagt Dr. Ulf Häder, Direktor der Städtischen Museen in Jena. Viele Dutzende folgten ihm nach. Weltberühmt ist das Goethe-Schiller-Denkmal auf dem Theaterplatz in Weimar. Aber auch in anderen europäischen Ländern, ja sogar in Brasilien und den USA erinnern Denkmäler, Statuen und Büsten noch heute an den Dichter. Doch ausgerechnet das Objekt, von dem es heißt, dass es das erste in dieser langen Reihe gewesen sei, ist vermutlich gar kein Goethe-Denkmal, sagt Ulf Häder: „Für mich stellt sich die Frage, ob alles, auf dem ein Goethe-Zitat steht, auch ein Denkmal für ihn ist. Ich habe da so meine Zweifel."

Daran, dass das Monument und vor allem die Umgebung, in der es steht, trotzdem sehr eng mit Goethe verbunden sind, gibt es jedoch nichts zu rütteln. Der Theologieprofessor Johann Jakob Griesbach (1745-1812) war im Gegensatz zu vielen seiner Gelehrten-Kollegen an der Universität durch Vermögen und Einkommen durchaus gut gestellt. „Also konnte er es sich leisten, in den Jahren 1784 und 1785 hier ein stattliches Sommerhaus zu errichten. Damals stand es noch vor den Toren der Stadt", erklärt Häder. Griesbach verstand sich darauf, geschickt Kontakte zu knüpfen und interessante Menschen miteinander bekannt zu machen. So wurden Haus und Garten schnell zu einem Treffpunkt für bedeutende Persönlichkeiten der Deutschen Klassik. Wer Ende des 18. Jahrhunderts Rang und Namen hatte, war

Dr. Ulf Häder hat sich viel mit dem Jenaer Adler-Monument im Prinzessinnengarten beschäftigt.

Zitate von Johann Wolfgang von Goethe zieren den Inschriftenblock aus Gusseisen. Aber ist das Objekt deshalb schon ein Goethe-Denkmal?

hier anzutreffen: Friedrich Schiller, die beiden Humboldt-Brüder Wilhelm und Alexander, die Philosophen Johann Gottfried Fichte und Georg Wilhelm Friedrich Hegel, der Lyriker Karl Ludwig von Knebel und natürlich auch Johann Wolfgang von Goethe. „Er hat diese Zirkel fernab der Etikette des Weimarischen Hofes offenbar sehr genossen", erklärt Ulf Häder, weswegen der Dichter sich auch so oft und sehr gern dort einfand.

Den heutigen Namen „Prinzessinnengarten" mit „Prinzessinnenschlösschen" erhielt das Areal erst später, und auch hier war Goethe maßgeblich beteiligt. Er fungierte sozusagen als Immobilienmakler, als Griesbachs Witwe 1812 das Anwesen verkaufen wollte. Durch seine Vermittlung kam nämlich die spätere Großherzogin Maria Pawlowna (1786-1859), Gattin des Großherzogs Carl Friedrich (1783-1853), 1818 an Grundstück und Gebäude. Und weil ihre beiden Töchter Marie und Augusta dort ihre Sommer verbrachten, im Garten spielten und von Goethe Unterricht erhielten, war schon bald vom „Prinzessinnengarten" die Rede.

Die neue Besitzerin ließ Haus und Garten umgestalten und griff persönlich in die Gestaltung ein, zum Beispiel, indem sie 1821 das Adlermonument schaffen und aufstellen ließ. Wollte sie dem Lehrer ihrer Töchter damit danken und ihm ein immerwährendes Denkmal schenken? „Die viele Zeit, die Goethe hier verbracht hat, würde das nahelegen. Aber ich habe versucht, die Entstehung des Denkmals in den Weimarer Akten zu rekonstruieren. Dort findet sich kein einziger Hinweis darauf, dass es ein Denkmal für Goethe sein sollte", erklärt

Häder. Er glaube vielmehr, dass Maria Pawlowna die Säule mit Adler auf eigene Ambition hin schaffen ließ, weil sie der Nachwelt in ihrem Garten etwas hinterlassen wollte, das an sie selbst erinnert. „In den Unterlagen ist immer nur vom ‚ehernen Monument im Garten zu Jena' die Rede", hat Häder recherchiert. Außerdem spreche gegen ein Denkmal für Goethe, dass auch der Dichter, der sonst jedes kleine Detail in seinen Tagebüchern festhielt, nichts davon schrieb, dass man ihm in Jena ein Denkmal aufgestellt habe. In einem Brief vom 9. Oktober 1821 erwähnte er lediglich, dass er das Monument bei einem Spaziergang gesehen habe. In einem anderen schrieb er zuvor: „Unvermutet trafen unsere jungen Herrschaften hier ein, ich speiste mit ihnen in dem Garten; das üble Wetter hielt im Zimmer, das Monument kam nicht zur Sprache." Das lässt Ulf Häder fragen: Wenn Maria Pawlowna dem Dichter ein Denkmal widmete, hätten sie ein paar Regenschauer davon abgehalten, es bei der ersten sich bietenden Gelegenheit dem Geehrten vorzuführen? Vermutlich nicht.

Und hätten die Jenaer, die schon zu Goethes Lebzeiten, aber erst recht natürlich in den Jahrzehnten danach stolz auf die Verbindung zu dem großen Dichter waren, das erste Denkmal für ihn verfallen lassen? „Das kann ich mir nicht vorstellen. Aber tatsächlich war der Adler 1962 so marode, dass man das Monument abgetragen und die eisernen Bestandteile eingeschmolzen hat", erzählt Häder weiter. Ob sein Zustand tatsächlich so miserabel war oder aber der stolze Adler als verhasstes preußisches Symbol unter den Kommunisten weichen musste, ist nicht eindeutig geklärt. So oder so hätte man ein offizielles Goethe-Denkmal aber nicht einfach entfernt.

„Dieses Monument ist als das erste Goethe-Denkmal der Welt in die Geschichte eingegangen."

Wie kommt es also zu der heute noch zu lesenden Inschrift auf dem steinernen Sockel? „Anfang der 1970er-Jahre erreichte der damalige Kustos der Jenaer Universität, Günter Steiger, dass das Denkmal nach der ursprünglichen Form wieder hergestellt und im Prinzessinnengarten installiert wurde – inklusive stolzem Adler. Gut möglich, dass Steiger es auch deshalb so explizit als Goethe-Denkmal bezeichnet hat, weil es zu DDR-Zeiten sonst kaum möglich gewesen wäre, ein öffentlich zugängliches Denkmal mit bekrönendem Adler zu errichten", sagt Häder. Denn die Bezeichnung Goethe-Denkmal und die damit verbundene Interpretation hat sich erst durch Steigers Festrede und die begleitende Berichterstattung in verschiedenen Publikationen und der Presse durchgesetzt. Ulf Häder fasst es so zusammen: „Natürlich erinnert das Denkmal mit den Inschriften auch an Goethe, ähnlich wie die Felseninschrift im Weimarer Ilmpark." Aber in erster Linie habe Maria Pawlowna damit ihre beiden Töchter mit Zitaten ihres Lehrers zum Lernen animieren wollen. *„Zierlich denken, und suess erinnern, ist das Leben im tiefsten Innern"*, steht dort zu lesen. Außerdem hat die Mutter die Sätze *„Irrtum verlaesst uns nie, doch zieht ein hoeher Beduerfnis immer den strebenden Geist leise zur Wahrheit hinan"* und *„Wem wohl das Glueck der schoensten Palme beut? Wer freudig thut, sich des Gethanen freut"* für den Sockel ausgewählt. Mit diesen Sprüchen des damals bereits berühmten Dichters vor Augen hat es sich auf dem wunderschönen Anwesen vielleicht besser lernen lassen. Goethe hat die Ausbildung aber auch persönlich unterstützt – als Märchenerzähler.

Heike Thissen

So geht's zum Adlermonument:

Das Denkmal, das Maria Pawlowna 1821 hat aufstellen lassen, steht im Griesbach'schen Garten oberhalb des ehemaligen Wohnhauses. Der Garten befindet sich direkt neben dem Zeiss-Planetarium, die Adresse lautet: Am Planetarium 7.

Die Kanone auf dem Grabstein erinnert an einen tragischen Tod.

46

Weinbergkanone

Auf diese Vögel wurde geschossen

Auf dem Johannisfriedhof sind viele spannende Epitaphien zu finden. Und wie so oft lohnt es sich, genau hinzusehen. Der Historiker Christian Hill hat das getan und etwas Merkwürdiges entdeckt: „Auf dem Epitaph eines Studenten, der im 18. Jahrhundert umgekommen ist, ist eine Kanone abgebildet." Eine Kanone auf einem Grabstein ist ja nun nicht gerade typisch. „Ich dachte zuerst, er sei beim Militär gewesen, aber ich habe danebengetippt", sagt Christian Hill. Er begann zu recherchieren und stieß dabei auf die Information, dass es sich nicht um eine normale Kanone, sondern um eine Weinbergkanone handle.

Was in aller Welt, fragte er sich, ist eine Weinbergkanone und was hat sie auf einem Grabstein zu suchen? Weitere Recherchen brachten die Antwort: „Weinbergkanonen wurden benutzt, um Vögel von der Plünderung der Weintrauben abzuhalten. Das heißt, auf diese Vögel wurde geschossen." Merkwürdig war und blieb die Sache trotzdem, denn eine Weinbergkanone auf einem Grabstein ist nicht weniger komisch als eine „normale" Kanone. Die Geschichte ist so tragisch wie einfach: „Diese Weinbergkanone verfehlte ihr Ziel und traf nicht die Vögel, sondern den Studenten", sagt Hill. Zwar waren die Streugeschosse nicht stark genug, um ihn sofort an Ort und Stelle das Leben zu kosten, aber damals waren die medizinischen Möglichkeiten noch lange nicht so gut wie heute, die Verletzung wurde wohl nicht sachgerecht versorgt. „Jedenfalls bekam der Student Wundbrand und ist daran gestorben", hat der Historiker recherchiert. Und er fand auch den Namen des Unglücklichen heraus: Heinrich Christoph Tamm (1691-1714), der nach Jena gekommen war, um Jura zu studieren. Die trauernden Eltern ließen den Grabstein anfertigen und das Gerät, das ihren Sohn das Leben gekostet hatte, darauf abbilden. Auf dem Stein ist zu lesen, dass ein *wohl gerathener und hoffnungsvoller Sohn* der Eltern Martin Tamm und seiner Frau Marthen Catharinen geb. Schwabhäuserin hier begraben liegt. Der Name des Vaters Martin Tamm ist mit der Ortsangabe „Preßburg" versehen, „das ist Bratislava – Hauptstadt der Slowakei", verdeutlicht Christian Hill. „Der Vater wird als Berater von Sachsen-Gotha bezeichnet." Deshalb habe der Sohn vermutlich auch in Jena studiert, da Sachsen-Gotha zu den Erhalterstaaten der Universität Jena zählte und der Vater in dessen Diensten stand. Wäre er doch in Preßburg geblieben – dann wäre es nie zu dem Unglücksfall gekommen.

Christian Hill hat diesen Grabstein entdeckt und sich gefragt, was es mit der Kanone auf sich hat.

Auch heute noch werden Vögel in den Weinbergen durch „Kanonen" vertrieben. Aber die machen nur Lärm und können nichts und niemanden mehr verletzen. Außer vielleicht das Ruhebedürfnis der Anwohner.

Eva-Maria Bast

So geht's zur Weinbergkanone:

Der Johannisfriedhof erstreckt sich zwischen der Humboldtstraße, dem Philosophenweg und der Straße Am Johannisfriedhof. Der Zugang zur Friedenskapelle erfolgt über den Philosophenweg.

Die Baumeistertafel: In der vierten Zeile von unten befindet sich rechts ein rätselhaftes Zeichen.

47

Steinmetzzeichen

Gekipptes T mit stilisiertem Vogel?

Merkwürdig! In einer Inschrift am Turm der Stadtkirche befindet sich ein sonderbares Zeichen: Es sieht ein bisschen aus wie ein auf die Seite gekipptes T, auf dem ein stilisierter Vogel sitzt, dahinter ist ein *P* zu erkennen. *Anno dni mccccclxxxvi / eckart toppher ambro / sius borner ratismeister / hans aldenburgk hans sawlich bawmeister P / Kwrt meisner eyn meister 1486 vf dinstag pethe … cos / tes ist angeleit dieser torm.* So lautet die komplette Inschrift und zwischen dem Wort *bawmeister* und dem *P* sitzt das ungewöhnliche Zeichen. „Der Doppelwinkel und das P ist das Steinmetzzeichen von Peter Heierliß“, weiß Stadtkenner Günter Herzog aufzuklären. „Er war Mitglied der Bauhütte der bekannten Baumeisterfamilie Parler. Die kommt ursprünglich aus Schwaben, hat aber zum Beispiel auch den Veitsdom und die Karlsbrücke in Prag,

St. Sebaldus in Nürnberg sowie die Münster von Freiburg, Ulm und Basel geschaffen, um nur einige zu nennen."

„In der Bauinschrift am Turm sind die Ratsmeister, Ratsherren und Baumeister genannt", sagt Günter Herzog und erläutert den achtzeiligen Text: „In der ersten Zeile wird erklärt, wer in dem Jahr des Baubeginns die Ratsmeister waren. Das Baujahr 1486 ist in römischen Ziffern angegeben." Dann werden die Namen genannt, nämlich Eckart Toppher (Töpfer) und Ambrosius Borner als Ratsmeister sowie Hans Aldenburgk (Aldenburg) und Hans Sawlich (Zaulich) als Ratsmeister. Schließlich, sagt Herzog, wird Heierliß genannt, zwar nicht namentlich, aber mit seinem Baumeisterzeichen. Und dann ist noch ein Kwrt Meisner (Kurt Meißner) als Meister auf der Bautafel angegeben. In den letzten beiden Zeilen, erklärt Herzog, werde – nun in arabischen Ziffern – kund getan, wann mit dem Bau des Turmes begonnen wurde, nämlich 1486.

Günter Herzog hat dieses Zeichen noch an einer anderen Stelle der Stadtkirche entdeckt.

Er zitiert aus einer Publikation von Friedrich Möbius, in der dieser sich mit der Bauinschrift beschäftigt hat; „Die ‚Baumeister' gehörten als Sachbearbeiter für das Bauwesen dem Stadtrat an, von Hans Zaulich wissen wir zum Beispiel, daß er Schuhmacher war." Und: „Der Steinmetzmeister ist Peter Heierliß." Dieser habe 1486 die Bauleitung übernommen. Für den Turmbau benötigte man exakt 70 Jahre, er wurde 1556 beendet. Warum es so lang dauerte? „Der Kirchenbau wurde von den Ratsherren und den Bürgern der Stadt finanziert und in Auftrag gegeben, deshalb ist es eine Stadtkirche. Da keine Bauhütte vor Ort war und nach Kassenlage Aufträge an unterschiedliche Baumeister vergeben wurden, waren mehrere Bauabschnitte mit Unterbrechungen notwendig", erklärt Herzog. „Das betraf den Kirchenbau ab 1380 bis zur Vollendung inklusive Turm generell. Der erste Bauabschnitt war bis 1442 mit dem Bau des Chors und des Langhauses bis zum dritten Joch abgeschlossen. Bis 1481 wurde das Langhaus bis zum fünften Joch fertig gestellt und bis 1506 mit dem siebten Joch vollendet. Nun sollte es mit der Vollendung des Turmes noch bis 1556 dauern."

Warum aber hat sich Heierliß nicht mit seinem Namen, sondern mit seinem Steinmetzzeichen verewigt? „Steinmetzzeichen waren damals so etwas wie eine Signatur und davon gibt es sehr viele an unserer Kirche, nicht nur von den Parlern", erklärt Günter Herzog. Die runenartigen Zeichen wurden von den Steinmetzen aber nicht vornehmlich in Bauinschriften angebracht, sondern sie finden sich zu Tausenden in den großen Mauersteinen der Gotteshäuser. Die Steinmetze hinterließen ihr Zeichen, weil sie so an ihr Geld kamen: Steinmetzzeichen dienten der Abrechnung. Die behauenen Steine wurden alle an einem Ort gesammelt und am Zahltag gezählt, wer wie viele Steine gefertigt hatte. Da oft Hunderte bis Tausende Steinmetze an einem Bauwerk arbeiteten, brauchte es diese Eingravierungen, um kenntlich zu machen, wer welchen Stein behauen hatte.

Jeder Lehrling bekam nach seiner fünfjährigen Ausbildung ein solches Steinmetzzeichen, das er wohl selbst entwerfen durfte und das nicht mehr geändert werden konnte. Manche Quellen sagen, dass sich die Steinmetzzeichen einer Bauhütte allesamt ähnelten und voneinander abgeleitet wurden. Dadurch habe man erkennen können, wo ein Steinmetz – dieser Berufsstand ging viel auf Wanderschaft – gelernt hatte.

„Der Doppelwinkel und das P ist das Steinmetzzeichen von Peter Heierliß."

„Bei schweren Verstößen gegen die Bruderschaft" habe das Steinmetzzeichen aufgehoben werden können, schreibt Alfred Schottner in einer Abhandlung über die mittelalterlichen Dombauhütten. Doch darum musste sich der angesehene Peter Heierliß sicherlich keine Sorgen machen!

Eva-Maria Bast

So geht's zum Steinmetzzeichen:

Es befindet sich in der Bautafel auf der Südseite des Kirchenturms in der vierten Zeile von unten. Die Stadtkirche steht am Kirchplatz 1.

Karzerfenster

Kreativ im „Hotel zur akademischen Freiheit"

Brav? Waren Studenten nicht immer. Tammy Westerhausen, Dozentin des Sprachenzentrums an der Universität Jena, kann davon Interessantes berichten. Wenn die werdenden Akademiker heute nicht so tun, wie ihnen geheißen, wenn sie Unfug treiben oder sich daneben benehmen, können sie nicht mehr eingesperrt werden – zumindest nicht von der Uni. Das war früher anders. Von diesen Zeiten kündet ein vergittertes Fenster im Innenhof des alten Collegium Jenense, wo die heute über die ganze Stadt verstreute Universität 1558 gegründet wurde. Wobei die widerborstigen Studenten vermutlich ohnehin nicht durch das Fenster entflohen wären, denn es befand sich im ersten Stock. Aber vielleicht sollten die Gitter verhindern, dass ein wagemutiger, übermütiger Student möglicherweise versucht, aus dem Fenster auf das Dach zu gelangen. „Das ist der einzige Raum, der noch übrig geblieben ist, allerdings wurde im Stadtmuseum ein Karzerraum zur Besichtigung nachgebildet", sagt Tammy Westerhausen. Und fügt schmunzelnd hinzu: „Die Studenten haben es nie Karzer genannt. Das wäre uncool gewesen, würde man heute sagen. Sie haben es immer als ‚Hotel zur akademischen Freiheit' bezeichnet." So schrieb der Student Franz Strelzik (1880-1955): „Universitätskarzer lautet die eingetragene Firma, ‚Hotel zur akademischen Freiheit' nennt der Bruder Studio das internationale Wohninstitut für Musensöhne, das in beschaulicher Ruhe am Teichgraben zwischen Pulverturm und Anatomie mit seinen alten hölzernen Fensterläden hervorschaut." Er beschreibt dann auch sehr genau den Weg in diesen Karzer, der über „zwei einsam stille Höfe" führt. Betätigte man den alten Klingelzug, dann geleitete einen „die freundliche Gattin des Karzerwärters (...) die hölzernen Stiegen zu den Karzerräumen hinauf." Dabei umtanze einen der Karzerhund „und zeigt uns unaufgefordert die wunderlichsten Kunststückchen, die ihm von Karzerinsassen mit der gött-

Tammy Westerhausen steht im Innenhof des Collegium Jenense. Das Karzerfenster ist links oben im orangefarbenen Anbau zu erkennen.

lichen Geduld unsterblicher Langeweile im Laufe der Jahre beigebracht wurden."

Franz Strelzik bemerkt auch, dass der Hund eine durchaus passende Farbe habe, „denn sein Fell zeigt die Karzerfarben braun-weiß-schwarz (deren Bedeutung ist: Bier, Unschuld, Rache)." Er schreibt von drei Zellen, die man nacheinander betrete und die von einer „reichhaltige(n) Sammlung von Kunstmalereien und Wandsprüchen" geschmückt seien. Der Student schwärmt von „originellen Einfällen phantastischer Karzerpoesie." Eine dieser Inschriften lautet: *Im Buch der Bücher steht geschrieben: / Die gold'ne Freiheit sollst du lieben / Doch wird sich ihrer nie bewußt / Wer nicht ins Karzer hat gemußt.*
In den Karzer zu müssen, war wohl nichts, dessen man sich zu schämen hatte, im Gegenteil: „Es galt mehr oder weniger als Statussymbol, wenn man sagen konnte, dass man ein paar Tage im Hotel zur akademischen Freiheit verbracht hat", erzählt Tammy Westerhausen. Auch der bekannte Karikaturist Martin Disteli (1802-1844) gehörte zu den aufmüpfigen Studenten, die in den Karzer mussten. Er war 1822 hier festgesetzt und vertrieb sich die Zeit mit einer ausgesprochen kunstvollen Ausmalung der Räumlichkeiten. „Da gibt es ein sehr berühmtes Gemälde, das heißt der Raub der Sabinerinnen, und er hat dieses Bild nachgemalt. Aber er hat den Entführern die Köpfe von seinen Professoren gegeben", sagt Tammy Westerhausen, schüttelt sich kurz und fährt dann fort: „Was glauben Sie, womit er dieses Gemälde gemalt hat? Denken Sie an das Schlimmste, was Sie denken können... Also ich helfe Ihnen: das waren keine Wasserfarben, das waren keine Ölfarben. Es war nicht sein Blut. Es war nicht sein Urin. Das waren seine Fäkalien." Der Inhaftierte fand seine Professoren – man möge den Ausdruck verzeihen – offenbar ziemlich scheiße.

Hinter diesem vergitterten Fenster saßen einst unartige Studenten.

Übrigens: Zu spät kommen gehörte sich zwar auch nicht, wurde aber keineswegs mit dem Karzer bestraft. Als die Universität gegründet wurde und sich ihre Zimmer allesamt im einstigen Kloster befanden, blieb genug Zeit, von einem Hörsaal zum nächsten zu kommen. Doch die Universität wuchs. Bereits vor 1908, als nämlich das jetzige Universitätshauptgebäude eröffnet wurde, sagt Tammy Westerhausen, hätten die Räumlichkeiten nicht mehr ausgereicht. „Deswegen waren die Räume der Uni über die ganze Stadt verteilt und viele Professoren unterrichteten in ihren Privathäusern", erzählt die Lehrbeauftragte. „Und da konnte es schon mal eine Viertelstunde dauern, von einem ‚Hörsaal' zum nächsten zu gehen – womit die Redewendung akademische Viertelstunde erklärt wäre!"

„Er zeigt uns unaufgefordert die wunderlichsten Kunststückchen, die ihm von Karzerinsassen mit der göttlichen Geduld unsterblicher Langeweile im Laufe der Jahre beigebracht wurden."

Tammy Westerhausen nutzt sie allerdings ungern. Sie kommt lieber pünktlich. Und Pünktlichkeit erwartet sie auch von ihren Studenten. Zwar sind die verschiedenen Unigebäude immer noch über die ganze Stadt verteilt, aber die Räume der einzelnen Fakultäten liegen doch oft nah beisammen. Und die Zeiten, in denen die Studenten von ihren Professoren in deren Wohnzimmern unterrichtet wurden, sind vorbei. Tammy Westerhausen ist froh darüber. Sie hat ihr Wohnzimmer lieber für sich.

Eva-Maria Bast

So geht's zum Karzerfenster:

Man kann es im Innenhof des Collegium Jenense entdecken, das ist ein altes Kloster. Es steht zwischen dem Teichgraben und der Kollegiengasse. Das Fenster ist das einzige vergitterte und befindet sich im ersten Stock ganz links an dem Gebäude, auf das man zugeht, wenn man durch den Durchgang kommt.

Hier ging es zur Arbeit: Tobias Wolfrum zeigt, wo einst die Arbeiter in die Zementfabrik Prüssing gelangten. Von ihm aus gesehen rechts war einst ein Werkstor.

49

Pförtnerhaus

Ein Kleinod aus Zement-Zeiten

Der Putz bröckelt, Fensterscheiben sind zerbrochen, die Wände mit Gekritzel beschmiert. Das Pförtnerhäuschen der ehemaligen Zementfabrik Prüssing bietet keinen einladenden Anblick. Nur Kenner wissen noch, dass das heruntergekommene Gebäude früher den Zugang zu einem wichtigen Imperium in Jenas Industriegeschichte bot. „Durch das Tor neben dem Häuschen gingen hunderte Angestellte und veränderten mit ihrer Arbeit das Gesicht der Stadt Jena", sagt Tobias Wolfrum. Er muss es wissen: Der Architekt war als Projektentwickler an der Umwandlung der ehemaligen Göschwitzer Industriebrache in den neuen Technologiepark Jena21 beteiligt und kennt die Geschichte des Geländes.

Das Pförtnerhäuschen ist – wie auch die nahe gelegene Villa des Firmengründers Godhard Prüssing (1828-1903) – eine Art Musterhaus für die Möglichkeiten, die Zement damals beim Bauen bot. Mit Säulen, Erkern und einer wie Mauerwerk anmutenden Fassade wollten die Architekten die Vielfalt des Materials zur Schau stellen. Für das später mehrfach erweiterte Verwaltungsgebäude von 1898, die so genannte Prüssingvilla, war Architekt Ludwig Hirsch (1856-1942) verantwortlich. Das niedliche Pförtnerhaus entwarf Reinhard Berner 1919. „Ursprünglich war neben dem Fußgängereingang noch eine Toreinfahrt mit einem 60 Zentimeter hohen Eisenbetonträger", erzählt Tobias Wolfrum. Villa und Pförtnerhaus stehen heute unter Denkmalschutz und sind neben einem Laborgebäude die einzig verbliebenen Zeugen einer Zeit, in der von dieser Stelle aus jährlich über 270.000 Tonnen Zement verkauft wurden. Das Unternehmen entwickelte sich somit zu einem der größten Hersteller Deutschlands.

Arbeiter, die damals den Durchgang beim Pförtnerhäuschen passierten, betraten ein riesiges Werksgelände. Godhard Prüssing ließ ab 1885 in Göschwitz, direkt an der Eisenbahnlinie nach Gera, die Sächsisch-Thüringische Portland Cementfabrik Prüssing & Co. erbauen. Der nahe gelegene Mönchsberg bot genug Kalkstein für die Produktion, das Unternehmen wuchs rasant. Schon zehn Jahre nach der Firmengründung verkaufte das Werk rund 22.000 Tonnen Zement pro Jahr – geplant hatte der Gründer mit nur 8500 Tonnen. Zu seinen Kunden gehörte die Firma Carl Zeiss, deren Hauptwerk ab 1906 mit Prüssingzement errichtet wurde. Der sozial engagierte Firmengründer ließ Arbeiterwohnungen auf dem Industriegelände bauen und hatte auch eine Wasch- und Badeanstalt geschaffen.

Prüssing gedieh bis zum Zweiten Weltkrieg, 1945 zerstörte eine Bombe alle Brennöfen. „Die Produktion wurde aber schnell wieder angekurbelt", sagt Tobias Wolfrum. Auch unter sowjetischer Besatzung war die Firma ein wichtiger Lieferant. Die Thüringer Volkszeitung meldete am 21. März 1946: „Die Erzeugnisse der Göschwitzer Zementfabrik und ihrer Tochterbetriebe Unterwellenborn und Steudnitz sind von ausschlaggebender Bedeutung für den gesamten Wiederaufbau in Thüringen und Sachsen. (…) Bei gesicherter Kohlenversorgung wird Göschwitz den lebenswichtigen Baustoff Zement in fortlaufenden

Lieferungen für den Wiederaufbau der Städte, Dörfer, Brücken, Straßen, Fabriken (…) zur Verfügung stellen können." So war es tatsächlich: Unter anderem steckt Prüssingzement in der Camsdorfer Brücke.

Doch 1967 kam das Aus für die Fabrik. „Der beim Mahlen des Zements entstehende Staub lagerte sich überall auf den Dächern der Umgebung ab", erzählt Wolfrum. „Bei ungünstigem Wind hüllten die Wolken sogar die Fabriken von Zeiss ein. Das war mit deren Gerätebau nicht mehr vereinbar." So stellte die Zementfabrik ihre Produktion ein. Ab 1969 nutzte ein Betonfertigteilwerk des Wohnungsbaukombinats das Gelände. „Hier wurden die Fertigteile für die damaligen Neubaugebiete in Lobeda und Winzerla hergestellt", sagt Wolfrum. „Die ursprüngliche Prüssing-Zementfabrik wie auch ihr Nachfolger hatten Einfluss auf das Stadtbild von Jena. Die industrielle Revolution vom Beginn der Firmengeschichte setzte sich somit über hundert Jahre später fort."

Nun wird die Geschichte des Geländes neu geschrieben. Auf den 20 Hektar Grund der ehemaligen Zementproduktion siedeln sich hochtechnologische Unternehmen an. „Die Gewerbeflächenreserve schmilzt wie Eis in der Sonne", so Wolfrum. Vor allem Firmen der optischen Industrie finden hier eine Heimat. Die Zukunft der Prüssingvilla und des kleinen Pförtnerhauses ist dagegen ungewiss. Für das Verwaltungsgebäude mit Godhard Prüssings Dienstwohnung wird ein neuer Investor gesucht. Das Gebäude hat etwa 1350 Quadratmeter Nutzfläche. Was aus dem Pförtnerhäuschen werden soll, weiß Tobias Wolfrum auch nicht. Das Dach ist schon neu gedeckt, ansonsten wartet das Gebäude auf eine Sanierung. „Ein Interessent wollte einen Kiosk oder einen kleinen Laden daraus machen", erzählt der Architekt, „aber das hätte sich wohl nicht gelohnt." So bleibt es ein liebevoll gestaltetes, aber heruntergekommenes Relikt aus besseren Zeiten. Könnte das Häuschen sprechen, hätte es bestimmt viele spannende Geschichten zu erzählen.

Kirsten Schlüter

So geht's zum Pförtnerhaus:

Das Häuschen steht auf dem Gelände der ehemaligen Zementfabrik Prüssing, heute Jena21, an der Straße Am Zementwerk 4.

Wenn Napoleonkenner Günther Queisser diese Tür öffnen könnte, würde er durch dieselbe Pforte gehen wie einst der französische Kaiser und Goethe.

50

Torbogen

Eine Pforte wandert durch die Stadt

Ziemlich unscheinbar ruhen ein gusseisernes Portal und eine kleine Holztür nebeneinander in einer Steinmauer am Stadtrand. Das Ensemble wird von Efeu überwuchert, vorbeiziehende Autofahrer und Spaziergänger schenken den Toren keine Beachtung. Dabei lohnt sich ein genauer Blick auf diese Pforten: Durch sie schritten und ritten im Lauf der Jahrhunderte illustre Herren.

Günther Queisser kennt die Geschichte. Er steht an der Erfurter Straße und deutet auf die Holztür. „Schauen Sie mal, wie klein die Menschen früher waren“, sagt er. „Heute müssten wir den Kopf einziehen, wenn wir hier durchgehen wollten.“ Napoleon (1769-1821) passte im Jahr 1806 durch diese Tür. Doch die führte nicht wie heute in ein Gartengrundstück, sondern verschaffte ihm Zutritt zu einem wichtigen Jenaer Gebäude. „Pforte und Tür gehörten früher zum Stadtschloss“, sagt Günther Queisser, pensionierter Maschinenbauingenieur sowie leidenschaftlicher Napoleonforscher. „Nachdem das Schloss 1904 abgerissen werden musste, weil an derselben Stelle der Neubau der Universität entstehen sollte, fanden die Tore eine neue Verwendung.“ Der Jenaer Kaufmann Karl Oberreich kaufte sie, ließ sie abtragen und als Einfahrt seines Anwesens an der Erfurter Straße wieder aufbauen. So stehen nun die beiden Zugänge zum alten Stadtschloss Seite an Seite. Früher waren sie aber getrennt: Das gusseiserne Tor bildete die Haupteinfahrt vom Fürstengraben aus, während das Holztor einen zusätzlichen Eingang von der Schlossgasse her bot.

Diese Plakette verrät, wer alles im 16. bis 19. Jahrhundert durch Pforte und Tür schritt oder fuhr.

Das Jenaer Schloss veränderte mehrfach sein Gesicht. Ende des 13. Jahrhunderts entstand der erste Bau. In die Geschichtsbücher ging unter anderem die dortige Hochzeit zwischen Wilhelm III. von Sachsen (1425-1482), auch der Tapfere genannt, und Anna von Österreich (1432-1462) ein. Am 20. Juni 1446 heiratete das Paar mit einer riesigen Feier. „Es wird überliefert, dass allein 3860 Pferde in Jena untergebracht werden mussten“, sagt Günther Queisser. In jenem Jahr wurde auch erstmals die Pforte erwähnt. 25 Jahre später war das Gebäude baufällig, wurde 1471 abgerissen und neu aufgebaut. Dieses sogenannte Wilhelmer Schloss ließ wiederum Herzog Johann Ernst von Sachsen-Weimar (1594-1626) im Jahr 1620 teilweise neu errichten. Bei der Bauausführung wurden aber schwache Balken verwendet, so dass Herzog Wilhelm IV. von Sachsen-Weimar (1598-1662) im Jahr 1659 alles wieder abbrechen und durch ein neues, steinernes Gebäude ersetzen ließ. Der Neubau bestand aus drei Geschossen mit einer schlichten Fassade und einem Turmaufbau. 1670 bis 1692 war das Stadtschloss Regierungssitz des Herzogtums Sachsen-Jena.

170 Jahre später wurde der Turm einer neuen Nutzung zugeführt: Kunsthistoriker Friedrich Klopfleisch (1831-1898) schenkte seine Sammlungen kunsthistorischer Objekte der Universität und gründete das „Germanische Museum zu Jena", das ab 1863 im Schlossturm untergebracht war. 1904 zog die Sammlung in Räume des Collegium Jenense um. Ein Jahr später war das Jenaer Stadtschloss fast Geschichte. Aber nur fast, denn Architekt Theodor Fischer (1862-1938), der den Universitätsneubau schuf, baute dort Teile des Vorgängergebäudes ein. So ist unter anderem noch heute die geschnitzte Eichenholztür von 1738 im zweiten Stock des Uni-Ostflügels zu sehen (siehe Geheimnis 15). Tor und Tür erhielten an anderer Stelle ein zweites Leben. Queisser erzählt, dass Martin Luther (1483-1546) im Jahr 1524 hindurchgegangen ist. Kaiser Karl V. (1500-1558) besuchte Jenas Schloss 1547, und Johann Wolfang von Goethe (1749-1832) hielt sich von 1776 bis 1818 immer wieder im Jenaer Stadtschloss auf, um konzentriert arbeiten zu können. In Jena kümmerte er sich um die Weiterentwicklung der Universität, nutzte Bibliotheken und traf andere Gelehrte (siehe Geheimnis 42).

„Napoleon tauchte in Jena auf, warf einen Blick ins Schloss und stieg sofort wieder auf sein Pferd."

Schließlich gelangte auch Kaiser Napoleon I. 1806 durch die Holztür zum Schloss. „Dort hatte er vom 13. bis 15. Oktober während der Schlacht von Jena und Auerstedt sein Hauptquartier aufgeschlagen", erzählt Günther Queisser. Sogar die genauen Uhrzeiten kennt er: „Gegen 15.30 Uhr tauchte Napoleon in Jena auf, warf einen Blick ins Schloss und stieg sofort wieder auf sein Pferd", sagt der Experte, „er hatte nämlich gehört, dass der Landgrafenberg schon besetzt war." Dort kämpfte Napoleon später mit seiner Armee gegen preußische Truppen (siehe Geheimnis 40). „Er ritt also vom Schloss aus durch das ehemalige Erfurter Tor über den Apoldaer Steiger hoch zum Landgrafen. Der Kaiser übernachtete nicht im Schloss, sondern nahe seiner Truppe in einem Zelt", weiß Günther Queisser. Viel geschlafen hat der Monarch allerdings nicht: „Er bezog sein einfaches Lager weit nach Mitternacht, und um sechs Uhr morgens am 14. Oktober begann der Kampf."

Übrigens blieb der Mann, der das Schicksal Preußens und zeitweise auch Europas in Händen hielt, bei seiner Ankunft in Jena weitgehend unerkannt. So schrieb der Theologe Johann Traugott Leberecht Danz (1769-1851) in seinen „Ansichten der Stadt Jena in den Oktobertagen 1806": „Die ihn (Napoleon) in diesen ersten Augenblicken gesehen haben, kannten ihn nicht, und die ihn kennen mochten, sahen ihn nicht. Man hatte bald diesen, bald einen anderen Marschall für ihn genommen. Wer ihn gesehen zu haben wähnte, fühlte sich in diesem Wahne glücklich." Nur der Philosoph Georg Friedrich Wilhelm Hegel (1770-1831) entdeckte den Monarchen. Hegel schrieb am 13. Oktober 1806 einen Brief an seinen Freund Friedrich Immanuel Niethammer. Darin heißt es voller Begeisterung: „Den Kaiser – diese Weltseele – sah ich durch die Stadt zum Recognosciren hinausreiten; – es ist in der Tat eine wunderbare Empfindung, ein solches Individuum zu sehen, das hier auf einen Punkt concentrirt, auf einem Pferde sitzend, über die Welt übergreifft und sie beherrscht."

Der Kaiser selbst ließ das Jenaer Stadtschloss also links liegen, doch einige seiner wichtigen Gefolgsleute stärkten sich dort am Vorabend der Schlacht von Jena und Auerstedt mit einem Abendessen. Dann zogen auch sie teilweise ins französische Lager am Landgrafenberg um. Nach den Kämpfen diente das historische Gebäude laut Günther Queisser als Lazarett, später als Stadtwache und Verwaltungsgebäude. „Dass es 100 Jahre später abgerissen wurde, war kein Verlust", urteilt er. „Das Schloss war ohnehin ein dürftiger Kasten."

Kirsten Schlüter

So geht's zum Torbogen:

Der Bogen und die niedrige Tür sind heute Teil einer Mauer entlang der Erfurter Straße, die ins Mühltal führt. Zu finden ist das Ensemble bei Hausnummer 98, etwa 100 Meter östlich der Kreuzung mit dem Cospedaer Grund.

Quellen, Literatur, Bildnachweis

Altes und Neues aus der Heimat. Beilage zum Jenaer Volksblatt. Jahrgang 1911, Nr. 12.

Auszüge aus der Chronik der Stadt Jena. URL: http://www.jena.de/kultur/chronik/chroni1.html.

Bast, Eva-Maria; Stoltenberg, J.: Berliner Geheimnisse. Überlingen 2015.

Bauer, Dr. Joachim: Der Bauernkrieg in Thüringen 1525. Historisches Seminar Universität Jena. URL: http://swiki.hfbk-hamburg.de/Lebensreform/173. Abgerufen am 25.04.2016.

Bauer, Frank: Jena 14. Oktober 1806. Der erste Teil von Preußens Debakel. Kleine Reihe Geschichte der Befreiungskriege 1813–1815. Potsdam 2011.

Bergemann-Könitzer, Martha: Die Fresken an der Kirche in Lichtenhain Jena. In: Altes und Neues aus der Heimat. Beilage zum „Jenaer Volksblatt". Sonderabdruck, enthaltend die Jahrgänge 1910 bis 1912. Jena 1914.

Briefe an Rilke: Die Erinnerungen der Lisa Heise. Thüringische Landeszeitung vom 29.08.2015.

Bünz, Enno: „Klosterkirche – Bürgerkirche. St. Michael in Jena im späten Mittelalter." In: Leppin, Volker; Werner, M. (Hg.): Inmitten der Stadt. St. Michael in Jena. Vergangenheit und Gegenwart einer Stadtkirche. Petersberg 2004, S. 105-137.

Carl Zeiss (Unternehmen). URL: https://de.wikipedia.org/wiki/Carl_Zeiss. Abgerufen am 29.04.2016.

Christian Ludwig Gerling: Parallaxe und Sternzeit. URL: https://www.parallaxe-sternzeit.de/gerling/sternwarte/meridianstein. Abgerufen am 26.05.2016.

Demel, Sebastian, Steinbach, P.: Keine Wohltaten – besseres Recht. Ernst Abbe als Wissenschaftler, Unternehmer und Stifter. In: Jahrbuch zur Liberalismus-Forschung 26 (2014), S. 271–293.

Die Geschichte der Jenaer Straßenbahn. Teil 1: Von den Anfängen zur Jahrhundertwende bis 1945. In: 07 – Das Stadtmagazin. Jena, April 2011, S. 12-15.

Die Thüringer Universitäts- und Landesbibliothek (ThULB). URL: http://www.thulb.uni-jena.de. Abgerufen am 05.05.2016.

Die Wochentage. URL: http://www.wissen-info.de/kalender/wochentage.php. Abgerufen am 13.05.2016.

Dörband, Bernd; Müller, H.: Ernst Abbe, das unbekannte Genie. Spurensuche in Jena, Eisenach, Göttingen und Frankfurt am Main. Jena 2005.

Eberhard-Karls-Universität Tübingen: Bonatzbau. URL: http://www.uni-tuebingen.de/einrichtungen/universitaetsbibliothek/ueber-uns/bibliotheksprofil/gebaeude-und-kunstwerke/bonatzbau.html. Abgerufen am 27.04.2016.

Ein pädagogischer Stadtspaziergang: Das Universitätshauptgebäude. URL: http://www2.uni-jena.de/erzwiss/stadtspaziergang/uhg.htm. Abgerufen am 25.04.2016.

Endler, Dirk: Das Jenaer Schloß. Die Residenz des Herzogtums Sachsen-Jena. Rudolstadt & Jena 1999.

Entdecke Jena: Geschichte von Jena im Mittelalter – Stadttore, Häuser & Plätze. URL: http://www.entdecke-jena.de/jena/jena_im_mittelalter.htm. Abgerufen am: 20.02.2016.

Fachhochschule Erfurt: Jenaer Weinbaulandschaften. Studienarbeit im Model MLA 2.09 Projekt Kulturlandschaftsentwicklung. URL: http://www.fh-erfurt.de/lgf/fileadmin/LA/Personen/Marschall/Praesentation_Ergebnisse_Jenaer_Weinbaulandschaften.pdf. Abgerufen am 23.02.2016.

Facius, Friedrich: Napoleon und die Hasenjagd bei Apolda am 7. Oktober 1808. In: Zeitschrift des Vereins für Thüringische

Geschichte und Altertumskunde. Jena 1943, S. 326-351.

Fesser, Gerd: 1806 - Die Doppelschlacht bei Jena und Auerstedt. Jena/Quedlinburg 2006.

Friedrich Schiller Archiv: Schiller an Gottfried Körner, 1. März 1790. URL: http://www.friedrich-schiller-archiv.de/briefe-schillers/briefwechsel-mit-gottfried-koerner/schiller-an-gottfried-koerner-1-maerz-1790/. Abgerufen am 03.05.2016.

Schiller an Caroline von Beulwitz, 10. Mai 1790. URL: http://www.friedrich-schiller-archiv.de/briefe-schillers/an-caroline-von-beulwitz/schiller-an-caroline-von-beulwitz-10-mai-1790/. Abgerufen am 03.05.2016.

Friedrich-Schiller-Universität Jena: Die „Bierlatte" erhält ihren Platz im Gedächtnis der Stadt zurück. URL: https://www.uni-jena.de/Mitteilungen/PM110218_Demelius.html. Abgerufen am 13.02.2016.

Geschichte von Jena – Jena, Johann Wolfgang von Goethe und die Universität. In: Entdecke Jena. URL: http://www.entdecke-jena.de/jena/jena_goethe_universitaet.htm. Abgerufen am 20.04.2016.

Geschichte von Jena – Kirchen, Klöster und Spitäler. In: Entdecke Jena. URL: http://www.entdecke-jena.de/jena/jena_kirchen_kloester.htm. Abgerufen am 25.04.2016.

Geschichte von Jena im Mittelalter – Stadttore, Häuser und Plätze. In: Entdecke Jena. URL: http://www.entdecke-jena.de/jena/jena_im_mittelalter.htm. Abgerufen am 11.05.2016.

Ginkgo Museum Weimar: Goethe und der Ginkgo. URL: http://www.ginkgomuseum.de/content/ginkgomuseum/goethe-und-ginkgo. Abgerufen am 16.02.2016.

Göbel, Stefan u.a.: 100 Jahre Straßenbahn in Jena. Eine Geschichte mit Zukunft. Sonderausgabe der Zeitschrift Stadtverkehr. Freiburg 2001.

Goethezeitportal: Goethes Allianz mit Schiller. URL: http://www.goethezeitportal.de/wissen/dichtung/schnellkurs-goethe/goethes-allianz-mit-schiller.html. Abgerufen am 03.05.2016.

Goldhahn, Sabine: Sehnsüchtiges Streben nach Überirdischem. URL: http://www2.uni-jena.de/journal/unifeb00/astro.htm. Abgerufen am 07.05.2016.

Grathoff, Stefan: Die Handfeuerwaffen des Mittelalters. URL: http://www.regionalgeschichte.net/bibliothek/glossar/alphabet/h/handfeuerwaffen.html. Abgerufen am 20.02.2016.

Hack, Morgana: Was hat Goethe mit Ginkgo biloba zu tun? URL: http://www.biloba-ginkgo.de/ginkgo-biloba-gedicht-goethe. Abgerufen am 16.02.2016.

Häder, Ulf: „Maria Pawlowna und das Jenaer Adler-Monument von 1821". In: Stiftung Weimarer Klassik und Kunstsammlungen (Hrsg.): Ihre Kaiserliche Hoheit. Maria Pawlowna – Zarentochter am Weimarer Hof. Weimar 2004, S. 173-193.

Heise, Lisa: Scherzo in Moll. Lebenserinnerungen einer Rilke-Korrespondentin. Aus dem Nachlass herausgegeben von York-Egbert König und Kristin Schwamm. Groß-Gerau 2015.

Hellmann, Birgitt (Hrsg.): Bürger, Bauern und Soldaten. Napoleons Krieg in Thüringen 1806 in Selbstzeugnissen. Briefe, Berichte, Erinnerungen. Jena 2005, S. 113 ff.

Hellmann, Birgitt; Weilandt, D.: Jena musarum salanarum sedes. 450 Jahre Universitätsstadt Jena. Jena 2008, S. 96-98.

Heyder, Carl: Unser Nachbardorf Lasan im Lichte der Geschichte. Eine Abhandlung auf Grund geschichtlicher Studien. In: Altes und Neues aus der Heimat. Sonderabdruck der Beilage zum Jenaer Volksblatt. Jena 1934-1936.

Hill, Christian; Lörzer, U.; Platen, K.-M.; Rödenbeck, F.; Spath, H.: Jena. Rundgänge durch die Geschichte. Erfurt 2010, S. 44-47.

Hörselberg Bote: Erinnerung an Karl Friedrich Mosengeil - Pfarrer, Lehrer, Schriftsteller und Erfinder der deutschen Kurzschrift.

Jache, Jürgen: Jenaer Straßennamen von A – Z. Teil 1: A – K. Schriftenreihe des Stadtarchivs Jena, Nr. 7. Jena 2001, S. 36.

Jache, Jürgen: Jenaer Straßennamen von A – Z. Teil 1: L – Z. Schriftenreihe des Stadtarchivs Jena, Nr. 8. Jena 2002, S. 15; 93.

Jenaer Planetenweg. Mappe des Stadtspeicher Jena e.V. Mit Zeichnungen in farbiger Tusche von Ekkehard C. Engelmann. Jena 2010.

Jenaer Stadtschloss. URL: http://www.alleburgen.de. Abgerufen am 11.05.2016.

JenaKultur: Gedenktafeln in Jena. Jenaspezifische Tradition weißer Emailletafeln an Häusern in der Stadt. URL: https://www.jenakultur.de/de/aufgaben_und_service/denkmal-_und_kulturfoerderung/gedenktafeln_in_jena/605891. Abgerufen am 13.02.2016.

Jenas Zementpionier. In: 07 – Das Stadtmagazin. Ausgabe September 2012, S. 16 f.

Kaiser-Alexnat, Renate: Wunderwesen Waid. Erlebnisse rund um Mensch und Pflanze – insbesondere dem Färberwaid – erzählt in Bildern und Geschichten. Berlin 2012.

Kallies, Ruth F.: Jena. Ein historischer Stadtführer. Sigmaringendorf 1991, S. 92.

Kallies, Ruth F.: Jena. Ein historischer Stadtführer. Jena 2002, S. 172; 264; 288 f.

Karl Victor von Hase. In: Wikipedia. URL: https://de.wikipedia.org/wiki/Victor_von_Hase. Abgerufen am 20.04.2016.

Kaufmann, Ernst: Das alte Jena in seinen berühmten Originalen. Bucha bei Jena 2006, S. 63-73.

Keßler, Traugott/Kippel, Dr. Petra: Kulturdenkmale in Jena. Stadt Jena, Denkmal- und Sanierungsamt. Jena 2000, S. 52, 75.

Keyssner, Gustav: Das Gebäude der Universität in Jena. Architekt: Prof. phil. h. c. Theodor Fischer. Jena 1911.

Klemm, Walther; Nawrotzki, André: Spätgotische Malereien an der Kirche St. Nikolai in Lichtenhain. Jena 2015.

Klemm, Walther: Die Außenwandmalereien an der Kirche St. Nikolaus in Jena-Lichtenhain. Vortrag zum Tag des Offenen Denkmals 13.09.2014.

Koch, Dr. Herbert: „Der Jenaer Scharfrichter." In: Altes und Neues aus der Heimat, Beilage zum „Jenaer Volksblatt". 1834-1836 (Sechste Folge). Jena 1936. S. 14.

Koch, Herbert: Geschichte der Stadt Jena. Jena 1996, S. 87 f.

König, York-Egbert: Lisa Heise, Empfängerin von Rainer Maria Rilkes „Briefe an eine junge Frau". In: Weimar-Jena: Die große Stadt. Jena 2013, S. 47-59.

Kraus, Michael: Asymmetrische Freundschaften. Curt Unckel Nimuendajú (1883-1945) und sein Kontakt zu den indigenen Völkern Brasiliens. Zur Erinnerung an Andreas F. Kowalksi (194-2006). Humboldt-Themenarchiv-Freundschaft. URL: http://www.goethe.de/wis/bib/prj/hmb/the/151/de4899558.htm. Abgerufen am 30.01.2016.

Land, Volker: Aufbau und Abriss. Die Hochbunker des Zweiten Weltkriegs in Jena. Abschlussarbeit an der Philosophischen Fakultät/Historisches Institut der Friedrich-Schiller-Universität Jena. Jena 2012.

Laudien, Stephan: Fährtensuche auf den Spuren der „Elektrischen". In: Thüringische Landeszeitung vom 22.04.2002.

Lenk, Uschi: 100 Jahre und doch ganz modern: Das Hauptgebäude der Jenaer Friedrich-Schiller-Universität am Fürstengraben, Teil I und II. In: Ostthüringer Zeitung vom 17. und 24. Mai 2008.

Möbius, Friedrich: Die Stadtkirche St. Michael in Jena. Symbolik und Baugeschichte einer spätgotischen Stadtpfarrkirche. Jena 1996, S. 56-66.

Möbius, Friedrich: Die Stadtkirche St. Michael zu Jena. Berlin 1983, S.100-101.

Mörtel, Sieglinde; Laudien, S.: Jena. Geschichten und Anekdoten. Kuba-Orangen und Goldbroiler. Gudensberg-Gleichen 2014, S. 32-35.

Mosengeil, F.: Stenographie : Für die Deutsche Sprache erfunden. Eisenach. Mühlmann, Ottogerd: Jena als mittelalterliche Stadt. Jena 1959, S. 76-82.

Müller, Dr. Rainer: Die Kirche in Jena-Lichtenhain und ihre gotische Außenwandmalerei. In: Heimat Thüringen Heft 1-2, 21. Jahrgang. Jena 2014, S. 30 f.

Müllerott, Hansjürgen: Quellen zum Waidanbau in Thüringen mit einem Exkurs in die anderen Waidanbaugebiete Europas und Vorderasiens; Industriearchäologie, historische Geographie, Flurnamenkunde, alte Geschichte, Siedlungs- und Territorialgeschichte, Archäobotanik, Botanik. Arnstadt 1993.

Nawrotzki, André: Wanderungen in unserem Sonnensystem. Der Jenaer Planetenweg. In: 07 – Das Stadtmagazin. Jena, Mai 2016, S. 5 f.

Nawrotzki, André: Zeitenräume. Kartografische Spaziergänge durch die Geschichte der Stadt Jena. Jena 2014.

Diers, Grohe, Meurer, Hg.: „Der Turm von Jena"; Kunsthistorisches Seminar Jena 1999.

Ostthüringer Zeitung vom 07. 08.2003, 17.05.2008, 19.02.2011, 24.02.2014, 27.02.2009.

Paul, Gertrud: Die Schicksale der Stadt Jena und ihrer Umgebung in den Oktobertagen 1806. In: Zeitschrift des Vereins für Thüringische Geschichte und Altertumskunde. Jena 1920, S. 41, 140 ff.

Piper, Otto: Burgenkunde. Bauwesen und Geschichte der Burgen innerhalb des deutschen Sprachgebietes. Nachdruck der Originalausgabe von 1905. Hamburg 2014, S. 313.

Preußenchronik: Lützowsches Freikorps. URL: http://www.preussenchronik.de/begriff_jsp/key=begriff_l%25fctzowsches+freicorps.html. Abgerufen am 08.05.2016.

Rupp, Matthias: Das Karmeliterkloster Zum Heiligen Kreuz in der Jenaer Vorstadt Zweifelbach. Band 9 der Reihe „Dokumentation" der Städtischen Museen Jena. Jena 2002, S. 59 ff.

Schaubach: Mosengeil, Friedrich. In: Allgemeine Deutsche Biographie 22 (1885), S. 368 (Onlinefassung). URL: http://www.deutsche-biographie.de/pnd116936649.html?anchor= adb. Abgerufen am 05.05.2016.

Schauer, Pfr. Dr. J. K.: Urkundliche Geschichte von Wenigenjena und Camsdorf mit Inbegriff der Umgegend, als des Jenzigs, der Saalbrücke, der Saalüberschwemmungen u.s.w., aus den Quellen zum ersten Male ausgestellt und auf Subscription hrsg. vom Pfr. Dr. J. K Schauer, Jena 1846. Bayerische Staatsbibliothek 36632216090015.

Schlotheuber, Eva: „Nullum regimen difficilius et periculosius est regimine feminarum". Die Begegnung des Beichtvaters Frederik van Heilo mit den Nonnen in der Devotio moderna". In: Hamm, Berndt: Spätmittelalterliche Frömmigkeit zwischen Ideal und Praxis. Tübingen 2001, S. 50-54.

Schottner, Alfred: Die „Ordnungen" der mittelalterlichen Dombauhütten: Verschriftlichung und Fortschreibung der mündlich überlieferten Regeln der Steinmetzen. Münster 1995.

Slenczka, Ruth: Bemalte Bronze hinter Glas? - Luthers Grabplatte in Jena 1571 als „protestantische Reliquie". In: Kunst-Texte. URL: http://edoc.hu-berlin.de/kunsttexte/2010-4/slenczka-ruth-6/PDF/slenczka.pdf. Abgerufen am: 09.05.2016.

Sommer, Dagmar: Fürstliche Bauten auf sächsischen Medaillen. Studien zur medialen Vermittlung landesherrlicher Architektur und Bautätigkeit. Berlin 2007, S. 48 f.

Spiegel: Liebhaber Schiller. URL: http://www.spiegel.de/kultur/literatur/liebhaber-schiller-der-mann-dem-eine-schwester-nicht-genug-war-a-660390-3.html. Abgerufen am 05.05.2016.

„...sprang aus dem Gleis". Auf den Spuren

eines historischen Fotos. In: Volkswart vom 13.02.1986.

Stadtarchiv Jena: „Heldenfriedhof für alte Kämpfer der NSDAP und der im Kampf gefallenen Helden der Stadt Jena." Aktenzeichen 414 Nr. 32/3.

Stadtschloss Jena. URL: http://www.burgenwelt.org/deutschland/jena_ss/index.htm. Abgerufen am 11.05.2016.

Strelzik, Franz: Ein Besuch auf dem Jenaer Karzer. In: Altes und Neues aus der Heimat: Sonderabdruck aus der Beilage zum Jenaer Volksblatt. Jena o.J, S. 95.

Sühnekreuz.de: http://www.suehnekreuz.de/thueringen/jena.htm. Abgerufen am: 10.03.2015.

Thieme, Friedrich: Gedenkstätten um Jena. Ein Führer durch die Gedenkstätten und Erinnerungszeichen des Schlachtfeldes und der Umgebung von Jena. Jena 1936, S. 75-82.

Thüringische Landeszeitung vom 11.09.2013, S. 3, und vom 12.09.2015, S. 19.

Thüringische Volkszeitung vom 21.03.1946.

Traditionsverband Lützower Jäger. URL: http://www.xn--ltzower-jger-mlln-yqb16asd.de/schwarz-rot-gold.html. Abgerufen am 08.05.2016.

Traeger, Ilse (hrsg. von André Nawrotzki): Der Johannisfriedhof in Jena. Grabmäler erzählen Geschichte(n). Jena 2015, S. 35 f.

Traeger, Ilse: Der Jenaer Nordfriedhof. Geschichte und Persönlichkeiten. Jena 1996, S. 94 f. und S. 11.

Verein „Jenaer Weinbau": Der Jenaer Weinbau. URL: http://www.jenaer-weinbau.org/. Abgerufen am 23.02.2016.

Vergangenheit und Gegenwart einer Stadtkirche; 2004 Michael Imhof Verlag.

Voigt, Heinz: Jena-Spaziergang für Liebhaber. Kleine Geschichte und Geschichten. Teil 1. Jena 2011, S. 69-76; S. 115 f.; S. 120; S. 138 ff.

Voigt, Heinz: Was uns Jenaer Bäume erzählen. Naturdenkmale und seltsame Gewächse – Geschichte und Geschichten. Jena 2012, S. 68 ff.

Volker Leppin u. Matthias Werner (Hrsg.): Inmitten der Stadt „ST. Michael in Jena".

Wikipedia: Charles Aloysius Ramsay. URL: https://de.wikipedia.org/wiki/Charles_Aloysius_Ramsay. Abgerufen am 24.05.2016.

Wikipedia: Epitaph für Martin Luther. URL: https://de.wikipedia.org/wiki/Epitaph_für_Martin_Luther. Abgerufen am: 09.05.2016.

Wikipedia: Laasan. URL: https://de.wikipedia.org/wiki/Laasan_(Jena). Abgerufen am 04.05.2016.

Wikipedia: Leipziger Teilung. URL: https://de.wikipedia.org/wiki/Leipziger_Teilung. Abgerufen am 09.05.2016.

Wikipedia: Luftangriffe auf Jena. URL: https://de.wikipedia.org/wiki/Luftangriffe_auf_Jena. Abgerufen am 29.04.2016.

Wikipedia: Urburschenschaft. URL: https://de.wikipedia.org/wiki/Urburschenschaft. Abgerufen am 08.05.2016.

Wikipedia: Wenigenjena. URL: https://de.wikipedia.org/wiki/Wenigenjena. Abgerufen am 09.05.2016.

Wikisource: Allgemeines Deutsches Kommersbuch: 137. URL: https://de.wikisource.org/wiki/Allgemeines_Deutsches_Kommersbuch:137. Abgerufen am 17.02.2015.

Zeiss Familienforschung (Hrsg.): Zeiß-Blatt 2004. 70. Jahrgang, 9. Band, Heft 2. Hamburg 2004, S. 16-18.

Zeiss: Firmengeschichte. URL: http://www.zeiss.de/corporate/de_de/geschichte/firmengeschichte.html. Abgerufen am: 06.05.2016.

Bildnachweis:
S. 153-156: Fotograf André Nawrotzki
S. 191: Bild 1 Erich Correns, Bild 2 Franz Xaver Winterhalter, beides [Public domain], via Wikimedia Commons

1 Loch
2 Goethe-Ginkgo
3 Rote Verfärbungen
4 Bürofenster
5 Steno-Schild
6 Bastion
7 Lutherstraße
8 Messingplatten
9 Breiter Stein
10 Latte-Gedenktafel
11 Bunker
12 Kalksteinmauer
13 Unvollendete Pforte
14 Gedenktafel
15 Christusporträt
16 Steinrinne
17 Schlüsselscharten
18 Denkmäler im Wald
19 Steinkreuz
20 Mosaik
21 Sommerlinde
22 Meridianstein
23 Konstruktion Dorovius
24 Vermauerter Zugang
25 Fresken
26 Weintraubenrelief
27 Kugel mit Formel
28 Meilenstein
29 Wäschekorbstein
30 Curt-Unckel-Denkmal
31 Luthers Grabplatte
32 Straßenschild
33 Vertiefung im Stein
34 Grenzstein
35 Hintergrundmauer
36 Pfeiler

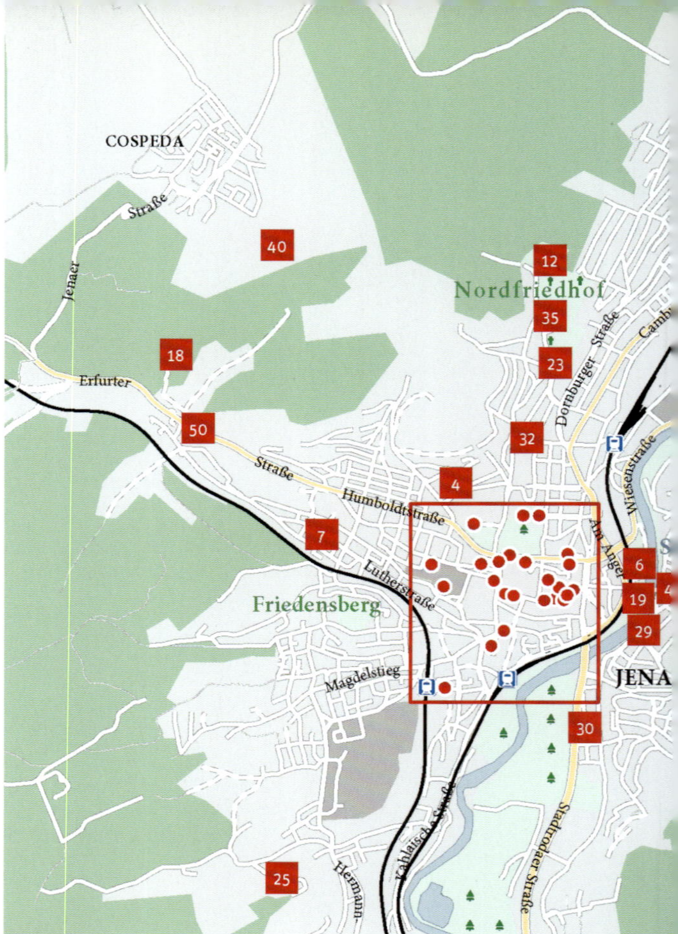

37 Treppenturm
38 Rosetten
39 B59
40 Napoleonstein
41 Fahne
42 Rundturm-Ruine
43 Planetenweg
44 Pflastersteine
45 Adlermonument
46 Weinbergkanone
47 Steinmetzzeichen
48 Karzerfenster
49 Pförtnerhaus
50 Torbogen

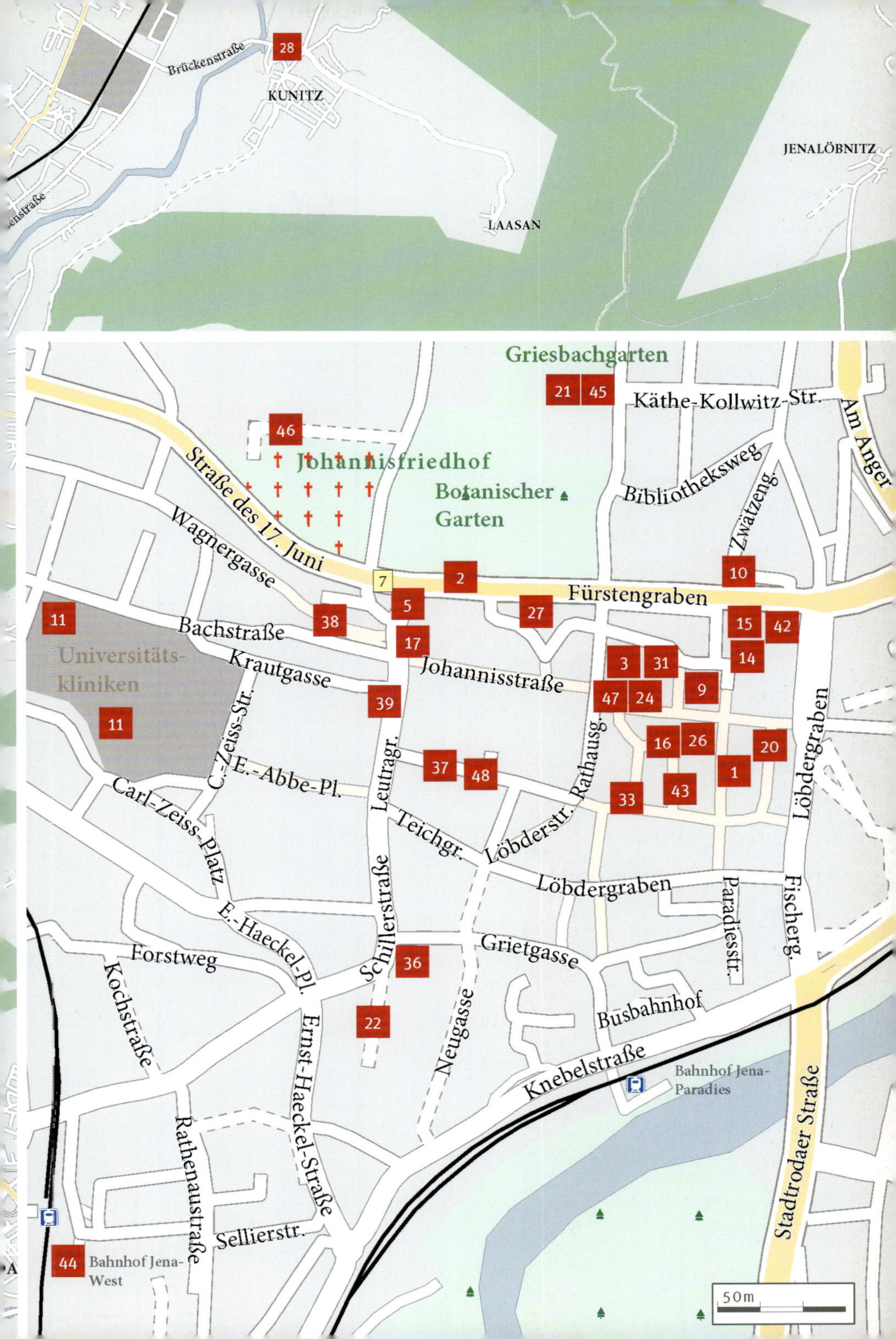

28
Brückenstraße
KUNITZ
LAASAN
JENALÖBNITZ
Griesbachgarten
21
45
Käthe-Kollwitz-Str.
Am Anger
46
Johannisfriedhof
Botanischer Garten
Bibliotheksweg
Zwätzeng.
Straße des 17. Juni
Wagnergasse
7
2
10
Fürstengraben
11
5
27
38
15
42
Bachstraße
17
Universitäts-kliniken
14
3
31
Krautgasse
Johannisstraße
9
39
47
24
11
C.-Zeiss-Str.
Rathausg.
Löbdergraben
16
26
20
Leutragr.
37
48
1
E.-Abbe-Pl.
43
Carl-Zeiss-Platz
33
Teichgr.
Löbderstr.
Löbdergraben
Paradiesstr.
Schillerstraße
Fischerg.
E.-Haeckel-Pl.
Grietgasse
Forstweg
36
Kochstraße
Busbahnhof
22
Neugasse
Ernst-Haeckel-Straße
Knebelstraße
Bahnhof Jena-Paradies
Stadtrodaer Straße
Rathenaustraße
Sellierstr.
44
Bahnhof Jena-West
50 m

SIE WOLLEN NOCH MEHR ÜBER

Jena

ERFAHREN?

Hier gibt es sachkundige Informationen:

Günter Herzog
Gästeführer in Jena
Allgemeiner Stadtrundgang
Jena – zwischen Historie und Hightech
Schiller und Goethe in Jena
C. Zeiß, E. Abbe, O.Schott;
Das Jenaer Studentenleben einst und jetzt;
Die Jenaer Frühromantiker;
Einblick-Ausblick-Lichtblick
und Führungen nach Wunsch.
E-Mail: tourist-info@jena.de
Homepage: www.jenatourismus.de;
http://www.gaestefuehrer-jena.de/index.php/guenter-herzog

Christian Hill
Geheimnisträger, Gästeführer, Autor
Bibliotheksweg 1a | 07743 Jena
Telefon: 03641 / 680507
E-Mail:
christian.hill@lebenskultour.de
Homepage: www.lebenskultour.de

Kerstin Keilholz
Gästeführerin in Jena
Telefon: 03641 / 444728
Mobil: 0179 / 8475787
E-Mail:
Keilholz.Kerstin@googlemail.com
Homepage:
www.gaestefuehrer-jena.de

Karsten Kirsch
Weingut Kirsch
Verkostungen und Besichtigungen des Weinbergs mit naturnahem Weinbau unter Verzicht auf künstliche Dünger und Herbizide
E-Mail: info@weingut-kirsch.de
Homepage: www.weingut-kirsch.de

Literaturmuseum Romantikerhaus Jena
Unterm Markt 12a | 07743 Jena
Tel: 03641 / 498243
E-Mail: romantikerhaus@jena.de
Öffnungzeiten: Di. - So. 10 Uhr - 17 Uhr

Uta Lörzer
Dolmetscherin/Übersetzerin (Univ.-Diplom)
Stadtrundgänge zu verschiedenen Themen, Kostüm- und Erlebnisführungen; Reisebegleitung in Thüringen, Wanderungen in Jena und Umland
Talstraße 28c | 07743 Jena
Tel: 03641 / 448658
E-Mail: jena4you@googlemail.com
Homepage: www.jena4you.de

Museum 1806
Individuelle Vorträge und Führungen im Museum und auf den Schlachtfeldern von Jena und Auerstedt sowie militärgeschichtliche Weiterbildungsveranstaltungen, Schülerveranstaltungen usw., auch außerhalb der Öffnungszeiten des Museums, nach Vereinbarung
Jenaer Straße 12
07751 Jena-Cospeda
Telefon: 03641 / 820925
oder 03641 / 508860
Fax: 03641 / 508861
E-Mail: info@jena1806.de
Homepage: mgf1806@t-online.de
Geöffnet:
1. Februar - 31. März:
Mi. - So. 9 Uhr - 13 Uhr
und 14 Uhr - 16 Uhr
1. April - 30. November:
Mi. - So. 10 Uhr - 13 Uhr
und 14 Uhr - 17 Uhr

André Nawrotzki
Kurzweilige Stadtrundgänge durch die gesamte Geschichte der Stadt Jena
Telefon: 03641 / 829298
E-Mail: an@dominoplus-jena.de
Homepage: www.dominoplan.de

Konrad Spath
Individuelle, thematische und technische Führungen durch Jena und Weimar
Tel: 03641 / 443297 oder 03641 / 527950
E-mail: kowe.spath@web.de

Stadtmuseum und Kunstsammlung Jena
Markt 7 | 07743 Jena
Tel: 03641 / 498250
E-Mail: stadtmuseum@jena.de | kunstsammlung@jena.de
Öffnungzeiten:
Di., Mi., Fr. 10 Uhr - 17 Uhr
Do. 15 Uhr - 22 Uhr
Sa., So. 11 Uhr - 18 Uhr

Sabine Weiß
Stadtführungen mit Herz
Verschiedene Themenführungen in Jena, Weimar und Umgebung
Max-Steenbeck-Straße 12a
07745 Jena
Tel: 03641 / 634302
E-Mail: info@jena-stadtfuehrung.de
Homepage:
www.jena-stadtfuehrung.de

Tammy Westerhausen
Allgemeine Stadtführungen, thematische Stadtrundgänge:
Goethe und Jena – die Chemie stimmt
Zeiss, Schott, Abbe
Führungen durch Dornburger Schlösser
Erlengrund 2 | 07751 Großlöbischau
Telefon: 0179 / 6780927
E-Mail: tamsenjean@gmail.com

Publikationen:

Falk, Gebhard; Kirsch, K.; Proppe, W.: Der Jenaer Weinbau. Erfurt 2014.

Hill, Christian; Kösling, Barbara: Jenaer Tischgeschichten. Eine kulinarische Reise durch fünf Jahrhunderte. Erfurt 2012.

Hill, Christian; Kösling, Barbara: Mahlzeit! Berühmte Thüringer bitten zu Tisch. Jena, Quedlinburg 2014.

Hill, Christian; Lörzer, U.; Platen, M.; Rödenbeck, F.; Spath, H.: Jena. Rundgänge durch die Geschichte. Erfurt 2010.

Nawrotzki, André: Publikationen zu verschiedenen Themen der Stadtgeschichte. www.dominoplan.de.

Nowak, Holger; Hellmann, Birgit; Queisser, Günther; Fesser, Gerd: Lexikon zur Schlacht bei Jena und Auerstedt 1806. Personen, Ereignisse, Begriffe. Jena 2006.

Nowak, Holger; Hellmann, Birgit: Die Schlacht bei Jena und Auerstedt am 14. Oktober 1806. Jena 1994.

Nowak, Holger; Queisser, Günther: Historischer Schlachtfeldführer für Jena und Auersstedt. Jena 2015.

Schuster, Wolf-Jörg: Man lädt uns ein zum Stelldichein. Napoleon in Thüringen 1806. Jena 1993.

Haftungsausschluss

Trotz intensiven Austauschs mit unseren Gesprächspartnern, gewissenhafter Literaturrecherche und aufmerksamem Korrekturlesen erheben wir weder einen Anspruch auf Vollständigkeit noch auf Fehlerlosigkeit. Wir haben streng darauf geachtet, keine Urheberrechte zu verletzen, unsere Recherchen sind nach bestem Wissen und Gewissen erfolgt. Dennoch übernehmen wir keinerlei Gewähr für die Aktualität, Korrektheit oder Vollständigkeit der bereitgestellten Informationen. Haftungsansprüche gegen uns schließen wir grundsätzlich aus.